JN074236

対話でわかる 国際租税判例

木村浩之 編著 野田秀樹 佐藤修二 著
Kimura Hiroyuki　Noda Hideki　Sato Shuji

中央経済社

Case Law on International Taxation

は じ め に

　近時，国際税務に関するコーポレートガバナンスの重要性が高まっていると
いわれます。これはリーマン・ショックとそれに続く金融危機の後，各国が税
収不足に悩む中，アマゾン，スターバックス，アップル，グーグルといった米
国の多国籍企業が欧州で積極的な租税回避をしていることが問題とされ，それ
を機にOECD／G20で租税回避への対策としていわゆる"BEPSプロジェク
ト"が開始されたこと，その後，「パナマ文書」などによって国際的な租税回
避の実態が明らかにされたことなどを背景とします。

　この点，伝統的に，日本企業は税務に関するコンプライアンス意識が高く，
課税当局と争うことは少ないといわれてきました。ところが，国際課税の制度
がますます複雑化し，その適用関係を適切に判断することが困難となっている
一方，企業経営者は税をコストと認識し，税負担を適正化し，税引き後の利益
を高めることで自己資本利益率（ROE）を向上させることが強く求められて
います。このような状況下で，日本においても，国際取引を行う企業が課税当
局による課税処分を裁判で争うといったケースが増加しています。

　本来，そのような国際課税をめぐる裁判例（本書では「国際租税判例」とい
います。）が蓄積されることで，複雑な国際課税制度の適用関係が明確になり
ます。ところが，諸外国に比べると，日本では，国際租税判例はまだまだ少な
いのが実情です。それでも最近は，重要な論点が争われる興味深い事案も増え
てきました。

　そこで，本書では，15の重要な国際租税判例を取り上げ，これらを読み解く
とともに，より多くの論点を網羅すべく，裁判では争われていない点も含めて，
関連する論点を幅広く取り上げて検討しました（解説編）。この解説編は，租
税弁護士である木村浩之が税務弘報（中央経済社）に連載した「重要国際税務
判例もう1つの読み方」（全12回）に新たな裁判例を追加して加筆したもので
す。木村の国税庁勤務経験や，海外での留学・勤務経験，一橋大学法学研究科

における国際租税法の講義経験を活かして，できるだけ多角的な観点から執筆
をしました。

　加えて，本書の特長として，解説編で取り上げた論点をさらに掘り下げて検
討すべく，木村と同じく租税弁護士で，国税不服審判所で審判官として国際租
税事案に関与し，東京大学法科大学院で国際租税法の授業も担当した佐藤修二
と，東京国税局の審理部門に長く勤務し，国際課税分野における課税当局の最
前線の実務に通暁した野田秀樹氏が，木村との対話形式で議論を展開させてい
ます（対話編）。この対話編では，理論と実務の双方の観点から，より突っ込
んだ"生々しい"検討を加えてみました。この議論を通じて，読者諸氏におい
て，国際課税をめぐる論点についての理解をさらに深めていただけますと，筆
者一同幸いに思います。

　なお，本書執筆が最終段階に差し掛かった令和3年7月，共著者の1名であ
る野田秀樹氏が，突如，永眠されました。野田氏と佐藤とは国税不服審判所時
代の同僚であり，木村とも一緒に勉強会をしたこともあって，3人の執筆作業
は和気藹々と進んでおり，突然のことに言葉もありませんでした。しかし，本
書の原稿は第12章までが完成していたため，野田氏の追悼の意味を込めて，ご
遺族のご了承をいただき，本書を出版できる運びとなりました。こうした経緯
から，第13章から第15章までは野田氏のコメントを欠いた形となっていますが，
読者のご海容を乞う次第です。謹んで，ご遺族に哀悼の意を表するとともに，
故人のご冥福をお祈り申し上げます。

　末筆ながら，雑誌での連載から本書の発刊に至るまで，中央経済社の川上哲
也氏には大変懇切丁寧にご指導をいただきましたので，この場をお借りして，
厚く感謝の意を表します。

　令和3年11月

野田秀樹さんを偲んで

木村　浩之・佐藤　修二

目　　次

第1章　日愛租税条約事件
租税条約の適用を否認されないための方策

第2章　日本ガイダント事件
租税条約上の所得区分の判定方法

第3章　米国デラウェア州 LPS 事件
日本の租税法における外国法の取扱い

第4章　倉庫 PE 事件
恒久的施設該当性の判断──補助的活動の除外

第5章　アドビ事件
関連者間取引をめぐる課税リスクへの対応

第6章　不動産譲渡事件
非居住者への支払に係る源泉徴収義務の確認

第7章　シルバー精工事件
使用料所得に係る源泉徴収に関する問題の整理

第8章　レポ取引事件
非居住者の利子所得に係る課税関係の整理

第9章　寄附金課税事件

移転価格課税と寄附金課税との関係

第10章　グラクソ事件

国内法が租税条約に抵触する場合の争い方

第11章　デンソー事件
外国子会社合算税制の適用要件の整理

第12章　レンタルオフィス事件
経済活動基準に係る判断要素の整理

第 **1** 章

日愛租税条約事件

租税条約の適用を否認されないための方策

　本章で取り上げる日愛租税条約事件（東京高判平成26年10月29日・税資264号順号12555）は，各国の税制と租税条約を組み合わせて税負担を軽減する行為が，日本の課税庁によって「租税回避」（いずれの国でも課税されない所得を人為的に作出して課税上の空白を生じさせるもの）であるとして問題とされ，租税条約の適用が否認された事例である。

　東京高裁の判決では課税庁の主張が斥けられて租税条約の適用が認められ，納税者が勝訴しているが，企業における国際税務に関するコーポレートガバナンスの観点からは，課税庁から否認されるような事態を避けるための方策を講じることが肝要である。

　そこで，本章では，上記事件の分析を通じて，いかなる場合に租税条約の適用が否認されうるかについて検討した上で，かかる事態を避けるための方策について検討することにしたい。

解 説 編

Ⅰ 事案の概要

匿名組合契約の営業者であったＸら（日本に支店を有するケイマン法人）は，匿名組合員Ａ（アイルランド法人）に対して，同契約に基づく利益の分配をした（**図表**参照）(注1)。この分配金の支払につき，国内法上は源泉徴収が必要になる（所法212①）が，Ａが日愛租税条約23条（その他所得条項）に基づき源泉所得税の免除を受けるための届出書を提出していたことから，Ｘらは源泉徴収をしなかった。

これに対して，課税庁は，同条約の適用はないものとしてＸらに源泉所得税の納税告知処分をした。

【図表】本件のスワップ契約スキーム

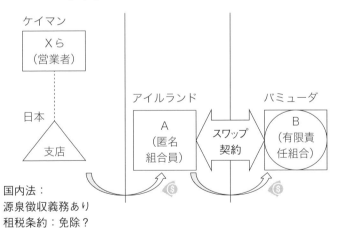

1　問題の所在

　ここでの問題は，Aは匿名組合員として分配金を受領する権利を有していたものの，いわゆるタックス・ヘイブンであるバミューダにおいて組成された有限責任組合であるBとの間でスワップ契約を締結しており，Aが受領する分配金の99％をBに支払うことが義務づけられていたことである。Bが分配金の受領者であれば，当然，日愛租税条約の適用はない。また，分配金を原資としてAからBに支払われる金員（つまり分配金の99％）はアイルランドやバミューダでは課税されず，残りの1％がアイルランドで課税されるにすぎない。

2　課税庁による否認

　このようなことから，課税庁は，主位的主張として，①分配金の99％はBに帰属するものであり，したがって租税条約の適用がないこと（所得の帰属についての事実認定による否認），予備的主張として，②本件は租税回避を目的とした租税条約の濫用であり，したがって租税条約の適用がないこと（租税条約の適用についての解釈による否認）を主張した。

II　判決の分析

1　裁判所の判断

　裁判所（東京高裁）は，課税庁によるいずれの主張も認めなかった。①事実認定による否認については，所得の人的な帰属関係を判断するに当たって，スワップ契約によってもAが匿名組合契約上の匿名組合員として分配金を請求する権利を有するという法律関係を変更するものではないことを理由に，課税庁の主張を斥けた。また，②解釈による否認については，租税法律主義（憲法84）に基づき，租税条約の適用を否認するためには明文の規定を要することを理由に，課税庁の主張を斥けた。

2　所得の帰属

　裁判所は，所得の人的帰属につき，経済的な実質関係ではなく法律関係に基づいた判断をしており，そのことは実質帰属者課税（実質所得者課税）の原則に関する通説的な見解である法律的帰属説（注2）と整合的であり，正当と思われる。ただし，本件の特殊性として，スワップ契約をどう見るかは問題である。

　例えば，問屋契約（商法551）を例にすれば，受託者である問屋が委託者のために第三者に商品を販売する場合，当該第三者との間の対外的な法律関係では問屋が商品販売の代金を収受する権利を有する（商法552①）が，問屋と委託者との間の内部的な法律関係では代理の規定が準用され（商法552②），問屋が収受すべき代金に係る権利関係は特別の権利移転行為なくして委託者に移転し，委託者は問屋に対して代金の引渡しを請求できる。かかる法的実質に照らせば，商品販売から生じる所得につき，問屋は単なる名義人であって法的な帰属は委託者にあるといいうる（注3）。

　これと同様に，B（≒委託者）がA（≒問屋）との間のスワップ契約に基づいて分配金の引渡しを請求する権利を有するのであれば，当該分配金に係る所得については，Aは単なる名義人であって法的な帰属はBにあるとも考えられる。

　それでも，問屋契約ではその性質上外部的な法律関係と内部的な法律関係が不可分的に生じる（注4）のに対して，本件は匿名組合契約とスワップ契約という異なる性質の契約を組み合わせたにすぎず，これを問屋契約と同様に扱うことはできないであろう。性質上可分である複数の契約を結合して所得の法的な帰属関係を考えることは，もはや法律的帰属説の枠組みを超えると思われるのである。

3　明文に規定のない否認

　裁判所は，明文に規定のない租税条約の解釈による否認を認めなかった。この点，日本では，憲法84条に由来する租税法律主義が厳格に適用されており，

課税要件は明確でなければならず，明文に規定のない否認は一般に困難であると解される。また，課税庁がその根拠として挙げる OECD モデル租税条約コメンタリー1条パラグラフ59（2017年改正前のパラグラフ9.3）の内容も一般論であって，異なる法体系を有する各国の裁判所がそれぞれの憲法と整合的に租税条約を解釈することを否定するものではもちろんない。

　他方で，明文の規定がなくても，租税条約は納税者に課税の減免という恩恵的な権利を付与するものであり，その権利行使に当然に内在する制約として，権利濫用の場合に適用が否定されると考える余地もあろう[注5]。すなわち，租税法律主義の下でも，ある規定によって一定の権利（課税減免請求権）を付与された納税者が当該規定の目的に反して当該権利を行使する場合，それを否定する法理論として権利の濫用を観念しうる[注6]ところ，租税条約が納税者に一種の課税減免請求権を付与するものと見れば，租税条約の濫用はかかる権利の濫用と観念でき，その適用を否認する余地もあると思われるのである。上記コメンタリーはかかる解釈を許容するものと解される。

　難しい問題であるが，予測可能性という観点からは，権利濫用であることが明白である例外的な場合を除き，明文の規定なくして租税条約の適用を否認することはできないと解しておきたい。

Ⅲ　隠された問題

1　適用条項

　本件では，日愛租税条約23条（その他所得条項）の適用の有無が争われているが，その点は本来疑問である。同条項は居住地国（アイルランド）に排他的な課税権を認めるものであり，同条項が適用されれば，分配金について日本での課税は免除されるという結論になる。

　ところが，その他所得条項は，その名称が示すとおり，租税条約が定める他の所得条項がいずれも適用されない所得を最後に包摂する規定である。分配金

に適用される所得条項が他に存在する場合，その他所得条項の適用はない。詳細は別稿に譲るが，結論として，匿名組合契約に基づく分配金については，個別の租税条約に特別の定めがない限り，利子所得条項が適用されると考えられる。

　本件でも日愛租税条約12条（利子所得条項）が適用されると考えた場合，日本は分配金について10％の限度で課税することが認められることになる。

2　受益者要件

　一般の租税条約では，配当，利子，使用料の各所得につき，源泉地国で課税の減免という恩恵を享受するためには，当該所得の受領者のみならず，「受益者」が相手国の居住者である必要がある。これを受益者要件[注7]といい，中間者を介在させることで租税条約の恩恵を享受しようという導管取引に対して租税条約の適用を否認するものとして機能する（ただし，日愛租税条約では，かかる受益者要件についての明文の規定を欠く。）。

　ここでいう受益者とは，所得の法的な帰属主体である受領者とは区別され，当該所得を自由に処分する権能を有する者をいうものと解されている。そこで，本件のようなケースでは，Ａは法的な観点から所得の受領者であるといえるものの，その99％をそのままＢに支払うことが法的に義務づけられている以上は，これを自由に処分する権能を有しておらず，その受益者ではないと考えられる。そうすると，受益者要件が適用される場合，利子所得条項の恩恵を享受することもできず，国内法に基づく課税がなされることになる。

Ⅳ　租税条約の適用否認規定

1　近時の傾向

　近時に締結され，又は改正された実際の租税条約では，より一般的に租税条約の適用を否認するための明文の規定として，後述する特典制限（LOB）条

項や主要目的テスト（PPT）による特典否認条項が置かれているものがある。そのほか，特定の所得条項において個別の適用否認規定が置かれていることもある。

　この点，BEPS プロジェクトを受けて2017年に OECD モデル租税条約が改正されており，これをベースとする今後の租税条約には，LOB 条項か PPT による特典否認条項の少なくとも 1 つが導入されることになる。

　さらに，より迅速かつ効率的に，3,000を超えるとされる既存の租税条約にこれらの条項を導入するために多数国間で締結されたのが BEPS 防止措置実施条約である。これによって既存の租税条約にも適用否認規定が導入されることになる（日愛租税条約でも PPT による特典否認条項が導入されている。）。

　租税条約の適用について検討する上では，今後，適用否認規定の有無，内容及びその適用要件を検討することが一層重要となる。

2　特典制限（LOB）条項

　LOB 条項は，課税の減免という租税条約の恩恵（特典）が与えられる者を一定の適格性を有する居住者（個人，上場会社，これらに50％以上保有される法人など）に限る。その上で，例外として，非適格者であっても，その者が居住地国で能動的な事業を行っている場合には，一定の要件の下で特典が認められる。また，法人の場合，その株主構成によっては特典が認められうる。適用対象となる租税条約に LOB 条項が置かれている場合，これらの要件を 1 つひとつ検討することが必要である。

3　主要目的テスト（PPT）による特典否認条項

　PPT による特典否認条項は，①取引の主たる目的の 1 つが租税条約の恩恵を享受することであり，かつ，②その恩恵を享受させることが租税条約の趣旨目的に反すると認められる場合，その恩恵を与えないものとする。租税条約の恩恵を享受することを主たる目的の 1 つとする取引（本件のような取引はこれに該当しうる。）について，具体的な事実関係に照らして経済的な実体を伴わ

ない人為的なものと認められる場合（例えば，ペーパーのみでの取引である場合），その恩恵を享受させることは租税条約の趣旨目的に反するものとして租税条約の適用が否認されることになる。適用対象となる租税条約に PPT による特典否認条項が置かれている場合，具体的な事案に即してその適用可能性を検討することが必要である。

V　まとめ

1　租税条約の適用が否認される場合

以上をまとめると，租税条約の適用が否認されうるのは，次のような場合である。

- 配当，利子，使用料の各所得につき，自由に処分する権能を有しておらず，受益者要件が否定される場合
- LOB 条項において居住者としての適格性を有しておらず，例外要件も満たさない場合
- 経済的な実体を伴わない人為的な取引がなされたものと見られ，PPT による特典否認条項が適用される場合
- 特定の所得条項における個別の適用否認条項が適用される場合
- （租税条約に適用否認条項がない場合でも）源泉地国の法解釈によって租税条約の濫用を理由としてその適用が否認される場合

2　適用を否認されないための方策

現在，各国における国際課税の潮流は BEPS 対抗であり，租税条約には明文の否認規定が整備されることになる。ある取引が租税回避行為であるとして課税庁が否認規定を適用しようとするリスクはこれまで以上に高くなる。中でも，経済的実体の伴わない人為的な取引については否認されるリスクが高いといえる。

　そこで，今後，租税条約の適用を否認されないための方策としては，以下の点に留意することが肝要である。

① 　個別の租税条約における否認規定の有無，内容及び適用要件を検討すること

② 　適切な経済的実体として取引に必要な物的資源（事業所，資産，設備等）や人的資源（役員，従業員等）を備えること

●━━━━━━━━━━━━━━

（注1）　事案の概要につき，片山直子「匿名組合員への利益の分配に係る源泉徴収義務の有無が争われた事例」『新・判例解説 Watch（法学セミナー増刊）』18号（2016年）229頁参照。

（注2）　金子宏『租税法〔第24版〕』（弘文堂，2021年）183頁，清永敬次『税法〔新装版〕』（ミネルヴァ書房，2013年）72頁など参照。

（注3）　この点，消費税法基本通達10-1-12も，委託者が資産の譲渡等の主体と見る。同様の一般論を示したものとして，大阪地判平成25年6月18日・税資263号順号12235参照。

（注4）　同様の例として，信託契約も挙げられる。もっとも，信託の場合はその課税関係を明確にするための特別の規定がある（所法13，法法12参照）。

（注5）　外国税額控除余裕枠事件（最判平成17年12月19日・税資255号順号10240）参照。

（注6）　谷口勢津夫『租税回避論』（清文社，2014年）15頁参照。

（注7）　木村浩之『租税条約入門─条文の読み方から適用まで』（中央経済社，2017年）93頁参照。

I　本判決の意義──法律家の観点から

佐藤：本件の事実関係を見ると，アイルランド法人は，日愛租税条約の特典を受けるためにのみ存在しているように思えるため，本件で，課税当局が否認を試みた気持ちは理解できます。課税当局の主張は，大きく分けて，事実認定による否認（実質的には，分配金の請求権はアイルランド法人からバミューダ法人に譲渡されている，というような考え方），OECD モデル租税条約コメンタリーの記載を直接の根拠とした否認，の2点と整理できるように思います。

　しかし，前者については，分配金の請求権を譲渡する契約書などは存在しません（あくまでスワップ契約があるのみです。）。近年，裁判例に定着している，「課税は，私法上の契約関係を前提として行うべきものである」という考え方からは，課税当局の主張は，経済的実質にひきずられた主張と言わざるを得ないでしょう。

　また，後者について，裁判所は，OECD コメンタリーはあくまでモデル条約の注釈であるにすぎず，実際に結ばれた条約ではないので，OECD コメンタリー自体が独自に課税の根拠となりうるものではない，としています。権威あるものであっても，注釈書は法律ではありませんので，真っ当な判断と思われます。

　以上のように，本件で課税を試みる動機は理解できるものの，法的に見て，無理のある課税であったことは否めないと思われ，裁判所の判断は，事実認定，法（条約）解釈の両面において，法律家の王道に沿ったものであると思います。

木村：私もかつては課税当局側におりましたので，本件で課税を試みた気持ちは十分に理解できますが，ご指摘のとおり，司法の場で耐えられるだけの法

的根拠を示すことができなかったといえます。

　まず，事実認定について，匿名組合分配金の99％が払い出されるという経済的な実態からすると，そのような実態に即した法律構成を考えたくなるというのはわかります。ただ，本来は先に法律関係があって，それを課税要件に当てはめるというのが法的な思考であり，当事者が選択した私法上の法律構成を否認するというのはかなり立証のハードルが高いと思われます。逆説的ですが，だからこそ租税回避の否認規定が存在するのだと思います。

　次に，法解釈について，明文の否認規定がない場合に，OECD コメンタリーを直接の根拠にすることはさすがに無理がありますが，外国税額控除余裕枠事件（注）で認められたように，一般的な法理である権利濫用を根拠とする否認は認められる余地もあったのではないかと思います。同事件において，最高裁は，制度をその本来の趣旨目的から著しく逸脱する態様で利用する場合には，明文の否認規定がなくても適用を否認することを認めています。

　この点，租税条約は締約国の居住者による相手国への投資を促進するために締結されるものであり，締約国以外の第三国の居住者に恩恵が与えられることは想定されていません。ところが，本件のスワップ契約のように契約関係を工夫することで第三国の居住者が実質的に租税条約を利用するという状況が生じる余地があり，それが濫用的になされる場合は趣旨目的を逸脱するものとして適用が否認されるとも考えられます。実際に濫用といえるかどうかは立証の問題ですが，佐藤さんが「アイルランド法人は，日愛租税条約の特典を受けるためにのみ存在しているように思える」と指摘された点は重要であり，これをきちんと立証できれば，権利濫用による否認が認められる余地もあったのではないかと思います。

II　租税法律主義と明文に規定のない否認

野田：租税法律主義の下では，明文に規定のない否認は認められないと解されますので，権利濫用を根拠にして租税条約の適用が否認されるという考え方

には疑問が残ります。確かに，外国税額控除余裕枠事件では，制度が濫用された場合にその制度の適用を限定するという解釈が認められましたが，この限定解釈による否認の法理は同事件に固有の判断と見るべきと思われます。

すなわち，この法理が外国税額控除と同種の規定全般に広く妥当するとすれば，著しく法的安定性を欠くことになり，租税法律主義に反すると考えます。やはり，租税条約の適用を否認するためには，LOB 条項や PPT など明文の否認規定が必要ではないでしょうか。

木村：私も限定解釈による否認の法理を広く適用することには問題があると思いますが，租税回避には2種類のタイプがあると考えています。

1つは，課税根拠規定を意図的に回避して，そもそも課税要件の充足を免れるような租税回避であり，これを否認して課税するためには明文の否認規定が必要と思われます。

もう1つは，いったんは課税要件を充足した上で，その課税を減免する規定の適用を受けるために恣意的に法律関係を構築するような租税回避であり，これは課税要件の充足は認められることから，権利濫用を理由として課税減免規定の適用を否認して課税したとしても租税法律主義に反するとまではいえないのではないかと思います。ただ，明文規定のない否認はあくまでも例外的なものですので，相当に立証のハードルが高いのではないかとは思います。

他方で，明文規定があることで予測可能性が高まることは間違いないですので，否認の要件を明文で定めることは重要と思われます。もっとも，否認規定の性質上，あらゆる場面を想定して適用範囲が具体的に明らかになるように条文化することは困難であり，その適用要件はある程度包括的・抽象的にならざるを得ないと思われます。PPT がまさしくそうですが，納税者にとっても，課税当局にとっても，法的安定性という意味では，事例の集積が重要になりますので，本件で PPT の適用が争われたとすれば，興味深い事例になっていたと思います。

III PPTの適用による否認

佐藤：BEPS後の条約には，解説編にあるように，明文の否認規定としてPPTを入れるものが多く見られます。私は，PPTの適用によれば，本件の事案は否認しうるものと考えますが，木村さんはいかがでしょうか。

木村：明文規定がない場合と比べると，立証のハードルが下がるように思いますので，裁判所が異なる判断をした可能性は十分あると思います。細かな事実関係にもよりますが，本件でPPTを適用する上では，あえてアイルランド法人を介在させてスワップ契約をすることにどのような合理的な目的があったか，また，同じ目的を達成するのに一般的に用いられると考えられる他の手法と比べて，当該スキームを採用した合理的な理由がどのようなものであったかという要素が重要になると思われます。

　PPTの適用による否認事例はまだ集積されていませんが，同様に租税回避を否認するための規定として，例えば，同族会社や組織再編成の行為計算否認規定の適用による否認事例は集積されつつあります。そこで示された裁判所の判断はPPTの適用に当たっても参考になるのではないかと考えています。

IV 実質所得者課税の原則と受益者要件

野田：PPTの適用による否認のほか，解説編では，受益者要件による否認についても考察されています。その中で，Aは法的な観点から匿名組合分配金の受領者ではあるものの，その受益者ではないとされており，その帰結として，Bが受益者になると考えられます。他方で，実質所得者課税の原則との関係において，BではなくAが実質所得者になるとされています。実質所得者であって受益者でない，あるいは受益者であって実質所得者でないというのはどのように理解すればよいでしょうか。

木村：これらの概念について整理が必要ですが，ある所得について，法的に帰属する主体を所得の受領者といいます。法的な観点から見た形式的な帰属と実質的な帰属，名義と実質が分かれる場合は実質で判断するというのが実質所得者課税の原則です。本件では，法的な観点からは名実ともにAに匿名組合分配金が帰属すると認められますので，Aがその受領者であり，実質所得者であるといえます。

　これに対して，受益者は所得の処分可能性というより経済的な観点を踏まえた実質的な帰属主体であり，法的な観点からの実質所得者とは異なる概念であると考えることができます。そうすると，実質所得者と受益者が異なるということもありうるわけであり，本件でも，スキーム全体を考察すると，Aが実質所得者であるものの，受益者はBになると解する余地があると考えられます。

　なお，受益者要件は投資所得についての個別の否認規定ですが，より一般的・包括的な否認規定であるPPTの適用による否認よりも立証のハードルが低いと思われますので，課税当局にとっても，納税者にとっても，受益者要件のある租税条約に関しては，所得の法的な帰属主体と受益者に相違がないかという点についての検討が重要になるのではないかと考えられます。

V　事実認定による否認

野田：法的な帰属主体に関する事実認定として，本件の事案では，Aに匿名組合分配金が帰属すると認められるとのことですが，どのような事情があればそのような事実認定は覆ることになるでしょうか。例えば，匿名組合出資金を現実に負担したのがBであると認められれば，その分配金の法的な帰属主体はBであるといえるでしょうか。

　この点，実務上で多く見られる名義株の問題では，収入を生み出す原価（元本）の負担という観点から，法的帰属の検討がなされます。名義株とは，他人の名義を借りて株式の引受け及び払込みがなされた株式をいい，名義株

に係る名義株主は実際に出資の負担はしておらず，当該株式から生み出される配当の形式的な受取人になったとしても，これを法的に保持することができません。一方で，実際に出資の負担をした実質株主は，名義株主を通じて当該株式に係る配当を受領する権利を有することから，名義株に係る配当所得は実質株主に帰属するものとして取り扱うこととなります。

このように，法的に収入を保持する権利を得るためには，その収入を生み出す原価を負担していることが求められますので，本件でも，匿名組合分配金の収入を生み出す原価たる匿名組合出資金を現実に負担したのがBであれば，異なる事実認定となり，事実認定による否認が認められたのではないでしょうか。

木村：同じような問題として，銀行の預金口座についての法的帰属が問題になることがありますが，多くの裁判例では，口座名義にかかわらず，預金の出捐者，すなわち金銭を現実に拠出して負担した者に法的に帰属することを認めています。その考え方によると，本件でもBが匿名組合出資金の出捐者，すなわち出資金を現実に拠出して負担した者であると認められる事情があれば，その分配金はBに法的に帰属すると認定されると思います。

ただ，本件では，そういった事実を証明できるだけの証拠は認められず，逆に，Aが借入金によって匿名組合出資金の原資を確保していることが証拠上で明らかであり，事実認定による否認は難しかったのではないかと思われます。

●───────────────

（注）　最判平成17年12月19日・税資255号順号10240。

第2章

日本ガイダント事件

租税条約上の所得区分の判定方法

　本章で取り上げる日本ガイダント事件（東京高判平成19年6月28日・税資257号順号10741）は，匿名組合に基づく分配金に係る租税条約上の所得区分（適用される所得条項）が争われた事例である。

　一般に，企業（又は投資家）が事業に資金を拠出する方法として，事業体の持分を取得する方法（エクイティ・ファイナンス）と事業体に貸付けをする方法（デッド・ファイナンス）がある。日本法の下では，匿名組合契約（商法535）に基づく匿名組合出資を行う方法があり，これは法形式としては事業体そのものの持分は取得しないものの，経済的な観点からは事業体の持分を取得するものであり，エクイティ・ファイナンスに類似したものといえる。

　このような特色を有する匿名組合をめぐる課税関係には不明確な点も多いが，本章では，日本ガイダント事件を素材として，匿名組合分配金に係る租税条約上の所得区分及びこれに関連する問題について考察することにしたい。

I　事案の概要

　本件では，米国法人（米ガイダント社）が日本で事業を行うに際して，その100％子会社であるオランダ法人を通じて日本ガイダント社を保有するとともに，オランダ法人と日本ガイダント社との間で匿名組合契約を締結することで日本での事業資金を拠出した。そして，本件の原告であるオランダ法人（以下「X」という。）には，その出資割合に応じて約90％の利益が分配されるものとされた^(注1)。

　この点，匿名組合分配金については，日本の国内源泉所得として国内法上は課税の対象となるものの，仮に当時の日蘭租税条約23条（その他所得条項：現20条）が適用されれば日本の課税権が否定されるため，その適用関係が争われた。

　課税庁は，本件契約はその名称にかかわらず実際には任意組合契約であり，その組合員である日本ガイダント社が国内に恒久的施設（PE）を有する以上は，Xも国内にPEを有するものとして当時の日蘭租税条約8条（事業所得条項：現7条）が適用され，分配金については日本の課税権が認められる旨を主張した。

　これに対して，納税者側は，本件契約はあくまでも匿名組合契約であり，Xは国内にPEを有するものではなく，分配金にはその他所得条項が適用され，日本の課税権が否定される旨を主張した。

1　争点に対する判断

　本件の争点は，①本件契約が匿名組合契約であるか任意組合契約であるか，②Xが国内にPEを有するか，③本件契約に基づく分配金には租税条約上のどの所得条項が適用されるか，である。

　裁判所（東京高裁）は，いずれも納税者側の主張を認めた。まず，①の点につき，本件契約は任意組合契約ではなく匿名組合契約であるとの事実認定をした。その上で，②の点につき，匿名組合契約である以上，日本ガイダント社が国内に PE を有するからといって X が国内に PE を有することにはならない旨を判示した。

　さらに，③の点については，日蘭租税条約には匿名組合分配金についての明文の規定がないことから，事業所得条項が適用されない本件ではその他所得条項が適用される旨を判示し，結論として，日本には課税権がないとした。

2　疑問点

　①の点についての判断は事実認定に係るものであり，ここでは立ち入らず，本件契約が匿名組合契約であることを前提とする。匿名組合であっても，なお，②の点につき，匿名組合の営業者が国内に PE を有する場合，その匿名組合員も国内に PE を有すると解する余地があるのではないかという疑問がある。

　この点，裁判所は，匿名組合の営業に係る財産は法的に営業者に帰属するのであり，営業者と匿名組合員との間の法律関係は債権債務関係と解されることから，営業者の PE が匿名組合員の PE に該当することを否定するものと思われる。しかしながら，匿名組合に関する対外的な法律関係は営業者に帰属するとはいえ，内部的には出資と営業という形式で共同事業をするものであり，その共同事業性（内的組合性）は否定できないと思われる。租税条約の解釈としても，PE を有するかどうかは法的な権利関係ではなく，実質的な観点から判断される[注2]。

　このように考えると，営業者は匿名組合契約の目的である共同事業を遂行するために PE を有するのであり，それは匿名組合員のためでもある以上，匿名組合員は営業者を通じて実質的間接的に PE を有するといいうる余地があると思われるのである。そうすると，PE を通じて得られた利益は PE 帰属所得（事業所得[注3]）として租税条約上も源泉地国課税が肯定される。

　さらに，この点を措いて，匿名組合員が PE を有するとは認められないとし

ても，③の点につき，匿名組合分配金についての明文の規定がない場合にその他所得条項が適用されるとするのは，明らかな誤りであると考えられる。

そこで，以下では，租税条約上の所得区分の判定方法について論じることにしたい。

II　租税条約上の所得区分

1　基本的な考え方

租税条約は，締約国の居住者が受領する所得につき，いずれかの締約国の課税権を認め，又は否定することで課税権の分配をする。適用される所得条項を検討するに当たっては，所得ごとに租税条約上の定義を確認した上で，その適用要件を検討する必要がある。この際，租税条約上の定義は必ずしも相互に排他的なものではなく，ある所得が複数の租税条約上の定義に該当することもある。

典型的には，法人などの事業者が配当や利子を得る場合，その所得は配当所得や利子所得に該当すると同時に事業所得にも該当することになる。そのような場合，租税条約の内部で適用される所得条項が調整されることになる。

まず，前提として，事業者が稼得するあらゆる所得については，その性質や内容にかかわらず，基本的にはすべて事業所得に該当するものと解される(注4)。その上で，事業所得条項では，通常，他に適用対象となる特定の所得条項があればそちらが優先的に適用されることを定めている（OECD モデル租税条約7条4項参照）。

そこで，次に，特定の所得条項における定義及び適用要件を確認する。他に適用される特定の所得条項がない場合には，事業所得条項が適用されることになる。さらに，特定の所得条項が適用されうる場合でも，当該所得条項では，通常，所得が PE に帰属する場合には事業所得条項が適用されるべきことが個別に定められている（OECD モデル租税条約10条4項，11条4項，12条3項

など参照）。

　なお，特定の所得条項のいずれも適用されない所得につき，事業者の場合は事業所得条項が適用されるが，非事業者の場合はその他所得条項が適用されることになる。ただし，事業所得条項が適用されるとしても，その他所得条項と同様に，PEがなければ源泉地国課税は否定されることになる。

2　配当と利子の区分

　匿名組合出資に限らず，事業資金の拠出に関連して問題となることが多いのは，その拠出から生じる所得についての所得区分，具体的には配当と利子の区分である。いずれの所得条項が適用されるかによって，源泉地国課税が認められる範囲が異なりうるので重要な問題である。

　まず，利子について，租税条約上の定義は広く，あらゆる種類の信用に係る債権から生じる所得がこれに含まれる。そこで，いわゆる元本となるべき権利が存する限り，企業に対して債権者として有する権利から生じる所得（一定期間資金を利用させることの対価）が広く利子に含まれることになる。

　次に，配当について，租税条約上の定義によれば，事業体の持分から生じる所得については，すべて配当として取り扱われる。さらに，法的には債権から生じる所得であっても，源泉地国の国内法が配当と同様に取り扱う場合には，租税条約上も配当として取り扱われる。

　したがって，ある所得が配当と利子に同時に該当する場合には，源泉地国の国内法上の取扱いに従うことになる。

3　匿名組合分配金の所得区分

　以上の考え方に沿って，匿名組合分配金の所得区分について検討する[注5]。

　まず，匿名組合員が法人である場合には，その所得の性質や内容を問わずに，事業所得に該当することになる。その上で，特定の所得条項が適用されるかを検討することになる。

　匿名組合分配金は事業資金の拠出から生じる所得であるところ，個別の租税

条約でその取扱いが明示されていれば格別，そうでない場合には配当所得条項又は利子所得条項の適用がありうる。

　この点，匿名組合員は，あくまでも営業者に対する債権（匿名組合出資の対価）として利益分配割合に応じた営業利益分配請求権を有するものであり，匿名組合事業体の持分を有するというものではない。したがって，匿名組合分配金については，国内法が配当として取り扱わない限り，租税条約上は利子に分類されることになると解される。

　利子所得条項が適用されうるとして，次に検討が必要となるのはPEの有無である。匿名組合員がPEを有すると認められる場合，利子であっても事業所得条項が適用されることになる。

　この点については，前述のとおり，営業者がPEを有する場合，匿名組合の共同事業性に着目して，匿名組合員もPEを有すると解する余地もある。このように解する場合は，事業所得条項の適用によってPEに帰属する所得については源泉地国課税が認められることになる。

　これに対して，匿名組合員がPEを有するとは解されない場合，利子所得条項の適用によってその限度税率の範囲で源泉地国課税が認められることになる。いずれにしても，匿名組合分配金についてその他所得条項が適用されることはないものと思われる。

Ⅲ　その他の問題

　本件では，外国法人であるX（匿名組合員）に対する課税が問題とされたが，内国法人である日本ガイダント社（営業者）に対する課税も問題となりえたものと思われる。すなわち，匿名組合分配金については，営業者では法人税の損金の額に算入することが認められ，これにより匿名組合事業から得られた収益の約90％が日本では課税されないことになっていた。

　この点，匿名組合員は主に資金を拠出するにすぎないものであり，実際の事業遂行といった重要な機能を担っているのは営業者であることからすれば，匿

名組合員に約90％を分配する利益分配割合は独立当事者間の取引条件には合致せず，移転価格上の問題がありえたと思われるのである。

　特に，BEPS プロジェクトにおいては，移転価格税制の適用における「価値の創出」と「利益の帰属」の一致が求められ，経済的実態がより重視されていることからすれば，本件のような割合での利益の分配は独立企業間価格を超えるものとして是正の対象となりうる。

　なお，移転価格税制が適用された場合のXが受領した過大な分配金についての課税上の取扱いは問題である。問題点のみを指摘すると，まず，XがPEを有すると認められる場合，PEに帰属する所得の計算に当たって，過大な分配金を減額する対応的調整が認められるかが問題となる。なお，これは国内における二重課税の問題であり，オランダで課税されなければ国際的な二重課税とはならないので相互協議の手続を利用することはできないものと思われる。

　これに対して，XがPEを有するとは認められない場合，租税条約上，過大支払利子については利子所得条項の適用はなく，事業所得条項が適用される可能性があるが，そうするとPEがないために日本では課税が認められないという結論になる。これについては，日本としては日本ガイダント社に対する移転価格課税をすることで実質的には所得課税ができることから，さらにXに対する課税を認める必要まではないものとも思われる。

IV　まとめ

　租税条約については，適用される所得条項が異なれば課税関係が大きく異なりうるため，その所得区分を判定することは重要である。本章で述べたところを整理すると，租税条約上の所得区分を判定するに当たっては，次の手順によることになる（**図表**参照）。

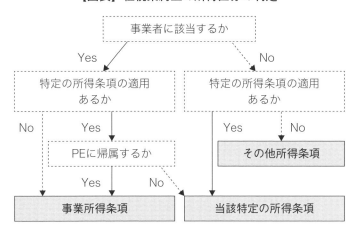

【図表】租税条約上の所得区分の判定

（注1）　事案の概要につき，錦織康高「居住地国課税と源泉地国課税—日本ガイダント事件を考える」『フィナンシャル・レビュー』94号（2009年）35頁参照。
（注2）　OECDモデル租税条約コメンタリー5条パラグラフ11参照。
（注3）　金子宏「匿名組合に対する所得課税の検討—ビジネス・プランニングの観点を含めて」同編『租税法の基本問題』（有斐閣，2007年）175頁は，国内法上の解釈として事業所得に該当するとの見解をとる。
（注4）　OECDモデル租税条約コメンタリー7条パラグラフ71参照。
（注5）　匿名組合をめぐる課税上の問題についてドイツでの議論を踏まえて論じたものとして，谷口勢津夫『租税回避論』（清文社，2014年）75頁以下参照。同118頁も，結論として匿名組合分配金については利子に該当するとの見解を支持するものと思われる。

> 対 話 編

I　本判決の意義──法律家の観点から

佐藤：本件は，匿名組合契約に基づく収益について，日本での源泉税に加え，オランダでの課税も免れたもののようであり（いわゆる「国際的二重非課税」），課税当局がこれを否認する気持ちは理解できます。しかし，課税当局の主張は，法律的には無理のあるものであったと思われます。

　課税当局は，納税者らは匿名組合契約書を締結しているにもかかわらず，その「実態」は任意組合契約であるとの主張をしました。しかし，（日愛租税条約事件へのコメントにも記したとおり）課税は，私法上の契約関係を前提として行うべきものであり，また，「処分証書の法理」といって，有効に成立した契約書があれば，そこに記載されたとおりに契約関係を認定することが訴訟における事実認定のルールです。とすれば，課税関係をも考慮して万が一にも匿名組合契約であることが否定されないよう，精緻に匿名組合契約書が作られた本件において，匿名組合契約の存在を否定して任意組合契約が存在したとする理由はなく，この点で課税当局の主張には無理があったといえるでしょう。

　解説編では，以上の点は，事実認定の問題であるため立ち入らないとされており，（判決をきっかけに国際課税上の問題を幅広く検討するとする）論考の趣旨からは理解できるところですが，上記の点は，裁判例としての本判決の位置づけとしては（特に法律家の目から見た場合に）重要と思われるので，この点を補足した次第です。

木村：私も同感ですが，やや異なる観点からの指摘として，契約書のタイトルと中身が一致しないということも実務では見られると思います。そのような場合は，もちろん中身に即して法律関係を判断するということになると思います。また，契約には民法典に個別の契約類型として列挙された典型契約と

そうではない非典型契約があると思いますが，非典型契約の場合には，当該契約の要素がどの典型契約と類似しているかという観点から具体的な法律関係を判断することになると思います。

　さて，問題は，複数の典型契約の要素がミックスされた中間的な契約の場合です。製造物供給契約というものがありますが，これは請負契約と売買契約の要素がミックスされたものであるといわれています。この場合に，どのように法律関係を考えるかについては，問題となる法律効果を生じさせる契約の要素となる部分がどちらの典型契約とより本質的に類似しているかという判断が必要になると思います。

　本件の匿名組合契約も，課税当局が主張したように任意組合契約の要素が多分にミックスされたものである可能性があります。ここで問題となるのは所得区分ですが，所得区分を考える上での本質的な要素は導管性の有無ではないかと思われます。すなわち，任意組合契約では組合員が組合財産に持分を有しており，組合の権利義務が直接組合員に帰属するのに対して，匿名組合契約では組合員に持分はなく，組合の権利義務が直接帰属することはないという本質的な相違があります。この点で課税当局は本件の匿名組合契約において組合員に持分があることを立証できなかったものと理解しております。

II　租税法律主義と私法上の法律構成による否認

野田：本件で課税当局が試みたのは，当事者が選択した法形式である匿名組合契約を任意組合契約であると認定して課税する方法であり，これは私法上の法律構成による否認といわれています。これは契約の外形にかかわらず，当事者が真に意図している法律関係を認定して課税要件の当てはめを行うものです。

　ただし，租税法律主義の下では，そのような真実の法律関係の認定を超えて，（同族会社の行為計算否認規定のような）法律の根拠なしに，当事者の選択した法形式を通常用いられる法形式に引き直すことによる否認は認めら

れないと解されています。そのような否認は経済的な実質に即して課税要件の当てはめを行うものであり，実質主義による否認といわれます。課税当局による私法上の法律構成による否認というのは，実際には実質主義による否認であることが多く，租税法律主義の下では許されないと解されます。そうすると，私法上の法律構成による否認が認められるのはどのような場合でしょうか。

木村：私法上の法律構成による否認は，租税回避を目的としてなされた異常な法律行為を否認するためのものであり，異常性というのがポイントになると思います。

　私的自治の原則の下，当事者はどのような法律行為をなすことも自由であり，例えば，税負担を軽減するために有利な法形式を選択することは自然かつ合理的な行為であり，いわゆる節税として当事者の合理的意思に沿ったものであるといえます。これに対して，税負担は軽減されるものの，通常の法律行為よりも不利益となる法律行為をあえて選択するなど，不自然・不合理であって異常な法律行為がなされる場合，通常は当事者の合理的意思に沿ったものでないこと，すなわち当該法律行為は外形的なものであって当事者の真意は別にあることが推認されるのであり，そのような真意に沿った課税が認められるものと解されます。

　この点，ある法律行為によって経済的なマイナスが生じるとしても，節税効果を踏まえるとプラスになる場合も，当事者にとっては合理的な行為といえますので，そのことをもって否認することはできないと考えられます。そのような行為を否認するためには，やはり否認規定が必要であると解されます。

　いずれにしても，本件では異常性というのは認められず，私法上の法律構成による否認は困難であったと思われます。

Ⅲ 匿名組合契約に係る PE 認定

野田：匿名組合契約であることを前提に，解説編では，匿名組合員は営業者を通じて実質的間接的に PE を有するといいうる余地があるとしています。これはどのような匿名組合契約であっても同じでしょうか。

　事業所 PE に該当するためには，その者が「自由になる事業の場所」を有し，その場所を「通じて事業を行う」ことが必要とされています。確かに，匿名組合員が営業活動することを前提とした非典型匿名組合契約の場合，同契約に係る当事者の行動等の事実関係を判断要素に加えれば，上記の PE 該当要件を満たす可能性は十分にあると考えます。

　しかしながら，匿名組合員が出資のみを行い営業活動をしない典型匿名組合契約の場合は，営業者の有する一定の場所が匿名組合員の「自由になる事業の場所」であり，当該組合員がその場所を「通じて事業を行う」ことはないため，当該場所が当該組合員の PE に該当することはないと考えられるのではないでしょうか。

木村：私もどのような匿名組合契約であっても同じであるとは考えておらず，あくまでも実質に即して PE の有無を判断すべきと思います。

　この点，匿名組合契約では，法律上，持分のない匿名組合員に組合財産が直接帰属することはありませんので，営業者の事業所が匿名組合員の PE になるものではないというのが原則と考えています。もっとも，組合の内部的な法律関係として，当事者の合意によって組合財産に対する匿名組合員の権限を内部的に付与することは認められるのであり，そのような権限がある場合には，匿名組合事業のために営業者が有する事業所は実質的には匿名組合員の「自由になる事業の場所」であるといえますので，当該事業所が匿名組合員の PE に該当する余地があると考えています。

　ただ，本件の判決では，当事者が準拠法とした日本の商法では匿名組合員にそのような権限を付与した非典型匿名組合契約というものが規定されてい

ないこと，また，商法上の匿名組合契約では匿名組合の財産は営業者に帰属
することが強行法規として定められていること，といった理由で営業者の事
業所が匿名組合員の PE に該当するものではないと判断されています。この
点の判断はやや形式的であるように思われ，当事者の合意内容や事業の実態
を踏まえて実質的な判断をした場合には，異なる判断をする余地は十分に
あったのではないかと思います。

Ⅳ　匿名組合分配金の所得区分

佐藤：解説編では，東京高裁判決が，匿名組合分配金についての明文の規定が
ない場合にその他所得条項が適用されるとするとした点は，明らかな誤りで
あると指摘されています。

　しかし，少なくとも課税当局の実務は，匿名組合分配金については，その
他所得条項が適用されるという立場を取ってきたものと思います。この課税
実務も誤りであったということになるのでしょうか。また，そのように判決
や課税実務が「誤り」であるとすると，それは何を基準として誤っていると
いうことなのでしょうか。国際的な議論を基準として，という意味であろう
かと推察していますが，その点を少し詳しく教えてください。

木村：日本が締結する租税条約においては，匿名組合分配金について独立した
所得条項を定めているものとそうでないものがあります。そして，独立した
所得条項が定められていない場合，事業所得条項に基づく PE 課税がなされ
うることは別にして，その他所得条項が適用されると見るのが実務であると
思われます。しかしながら，独立した所得条項が定められておらず，かつ，
PE 課税がなされない場合でも，その他所得条項は租税条約が定める他のす
べての所得条項が適用されない場合に最後に適用される条項であり，適用可
能性がある他の所得条項をすべて検討した上で，いずれの所得条項の適用も
ない場合に初めてその他所得条項が適用されることになると考えられていま
す（OECD モデル租税条約コメンタリー 21 条パラグラフ 1 参照）。

　本件では，匿名組合分配金について独立した所得条項がなく，事業所得条項に基づく PE 課税の可否が主たる争点となりました。そして，匿名組合員は日本に PE を有するとは認められないことから，その他所得条項の適用によって日本の課税権が否定されるという結論になりました。ところが，本来は，そうではなく，PE を有するとは認められない場合，適用可能性がある他の所得条項，具体的には配当所得条項や利子所得条項の適用について検討が必要であったと考えられます。その意味で，やや強い論調になってしまいましたが，判断を見落としているということから明らかな誤りであると指摘しました。

野田：その点，解説編では，匿名組合員は，営業者に対する債権として利益分配割合に応じた営業利益分配請求権を有することから，同組合の分配金は，租税条約上，利子所得に分類されるとしています。しかしながら，当該債権の弁済が営業者の行う営業活動の成否に依存し，債権者が営業者の負うリスクを共有していると見られる場合，租税条約上，当該債権から生じる所得は「企業に関する権利」から生じる所得として配当に分類される余地があると解されます（OECD モデル租税条約コメンタリー 10 条パラグラフ 25 参照）。

　この点，債権者たる匿名組合員は営業者の獲得した利得の分配を受けるものの，当該分配を受ける権利は他の債権者の権利に劣後する上，分配金の額は営業者の営業に係る利得の状況によって決まることから，その所得区分は，利子所得よりも配当所得に該当すると考えるほうが実態に即しているといえるのではないでしょうか。

木村：匿名組合分配金は，一定の元本・投下資本に対するリターンという意味で経済的な実態としては利子や配当と共通しており，租税条約上はいずれの定義にも当てはまる余地があります。そして，確かに，利子を生じさせる債券その他の債権が一般に元本保証されているのに対して，配当を生じさせる株式その他の出資持分が一般に元本保証されていないことからすると，元本保証のない匿名組合出資金から生じる分配金は利子所得より配当所得に近いとも考えられます。

　ただ，他方で，債権と出資持分というのは形式的な区別であって，その実質的な内容は重なり合う部分があるため，租税条約では，利子と配当の定義がオーバーラップすることを前提にして，租税条約上で配当所得として取り扱うかどうかを国内法上の取扱いに委ねています。すなわち，両者の定義が重なる場合，国内法が配当所得とする場合は租税条約上も配当所得とし，逆に，国内法が配当所得としない場合には租税条約上も配当所得とされない結果，利子所得として取り扱われることになります。そこで，匿名組合分配金について日本の国内法を見ると，これは配当所得として取り扱われていませんので，結論として，租税条約上は利子所得と見ることになると思われます。

　なお，日本の国内法では，匿名組合分配金は独立した所得として取り扱われており，利子所得の定義にも該当しません。そのこともあって実務ではその他所得条項として取り扱われているとも考えられます。しかしながら，租税条約の適用に当たっては，租税条約の定義に即して所得区分を検討するのであり，必ずしも国内法上の定義とは一致しないといえます。そのことは，例えば，使用料について，国内法上は無形資産の譲渡から生じる所得が使用料の定義に含まれますが，多くの租税条約では使用料に含まれず，譲渡収益（キャピタルゲイン）に該当するということがあり，この場合も租税条約の定義に即して適用される所得条項を判断することになります。

V　事業者に適用される所得条項

佐藤：解説編では，事業者については，租税条約の特定の条項が適用されない場合には，事業所得条項が適用されるのであり，その他所得条項は適用されない，とあります。これも，OECD や欧州の学界・実務界でそのように理解されている，ということでしょうか。また，課税実務は，事業者のケースでも，匿名組合分配金にその他所得条項を適用していたように思われます。この課税実務の取扱いも，誤りであったということになるでしょうか。

木村：事業所得の範囲をどのように考えるかによりますが，これについて租税

条約では明確な定義はなされておらず，国によってポジションが異なると思われます。どちらかというと大陸法系の国では，所得の内容が能動的であるか受動的であるかにかかわらず，事業者，特に法人の事業活動から生じるものは区別せずに事業所得に該当するとされることが多いと思われます。これに対して，英米法系の国では，事業所得の範囲から受動的な投資所得や譲渡収益（キャピタルゲイン）が除外されていることがあり，その場合は事業者であってもその他所得条項が適用される余地はあると思います。

　このように，国によってポジションが異なる余地がありますが，OECDとしては事業者の事業活動から生じる所得は広く事業所得に含まれると解する立場であり，モデル条約に準拠して締結された租税条約については，私もそのように解釈するのが相当ではないかと考えています。ただ，租税条約はよくできていて，事業所得条項が適用されるとしても，その他所得条項が適用されるとしても，いずれにしても PE の有無によって課税の有無が判断されますので，どちらのポジションによっても結論は変わらないと解されます。

VI　国際課税に関するルールのあり方

佐藤：以上の質問とも関連しますが，日本の裁判所や課税当局の考え方が，OECD をはじめとする国際社会の一般的な考え方と齟齬する，というケースは（私自身は国際的な議論の動向に詳しいものではありませんが）ありうるように思います。一般論としては，「国際」課税のルールである以上は，国内裁判所や課税当局の解釈も，国際的な議論と無理に一致させないまでも，少なくともそれを踏まえたものであることが望ましいようには思います。このような，日本における国際課税ルールの（立法のみならず，判例や課税実務も含めた）発展のあり方について，国税庁での勤務経験や，欧州での留学経験も踏まえてご意見をお聞かせください。

　私は，裁判所は租税法の専門家ではないため，一次的には，課税当局（あるいは訴訟になれば納税者代理人弁護士）が努めるべきことであるようには

感じます（実際に自分が訴訟代理人としてそのような役割を果たせるかについては忸怩たるものがありますが，努力は必要ということになろうかと思われます。）。

木村：ご指摘の点はごもっともであり，日本においては，少なくとも立法面ではOECDでの議論に積極的に関与しているということもあって比較的進んでいるという認識ですが，その解釈適用に関する部分では争訟事例が極端に少なく，議論が乏しいというのが現状であると思われます。そのこともあって，本書では，議論を広げるという観点から，各裁判例において実際に争われた論点にとどまらず，関連する論点を幅広く取り上げることを心掛けました。

　この点，欧州をはじめとした諸外国では，納税者と課税当局が司法の場において是々非々で争うというのが通常であり，それにより国際課税ルールが発展してきたという経緯があります。日本でも，本書で取り上げたように，重要な国際租税判例がいくつかありますが，数え上げられる程度であり，数え切れないくらい多くの事例がある諸外国と比べると圧倒的に少ないというのが実情です。私自身も十分に役割を果たせているか疑問ですが，事例が増えることで不透明なルールが明確化していくのであり，それが予測可能性・法的安定性を高めることにつながるといえますので，納税者を代理する実務家においてもさらなる努力が必要であると改めて思います。

　また，課税当局についていうと，日本でも特に近年は国際課税に重点が置かれていますが，予算や定員の制限がある中で，複雑化・困難化した制度を適正に執行するというのは限界があるように思います。他国では外部から租税専門家を積極的に登用して外部の知見を活用するといったことが当たり前になされており，日本でもそういった外部登用を積極的に進めることが必要な時期にきているのではないかと思います。課税当局の内部と外部で人事交流がなされることで，立法面のみならず，執行面においても，国際課税に関するルールがさらに発展することが期待されます。

第 **3** 章

米国デラウェア州 LPS 事件

日本の租税法における外国法の取扱い

　本章で取り上げる米国デラウェア州 LPS 事件（最判平成27年7月17日・税資265号順号12700）は，米国デラウェア州の法律に基づいて組成されたリミテッド・パートナーシップ（LPS）について，日本の租税法上の法人該当性が争われた事例である。

　この点，租税法上では特に「法人」の定義がなされていないが，日本法に基づいて組成された事業体の場合は，民法や会社法等を前提にすれば法人該当性は明確であり，定義がなくても特段の問題は生じない。

　ところが，各国では，当然異なる国内法に基づいて異なる法制度を採用している。そこで，外国法に基づいて組成された組織体ないし事業体（外国事業体）については，租税法上の定義がなければ，どのような場合に「法人」に該当するかが不明確である。

　この点，ある事業体が法人（みなし法人を含む）に該当すれば納税義務主体性（損益の帰属主体性）が認められるのに対して，法人に該当しない場合はかかる主体性が認められず，構成員がその主体となる。このように，法人該当性の有無によって課税関係が異なるにもかかわらず，その判定基準が不明確であるとすれば問題である。

　この問題は，租税法上で明確な定義がなされていない場合に，外国法に準拠してなされた法律行為に日本の租税法をどのように適用するかという困難な問題であるとされてきた。本件の最高裁判決は，これを解決する糸口となるべきものであり，関連する問題とあわせて本章で取り上げて検討することとしたい。

I 事案の概要

　本件では，日本の投資家（個人）が米国デラウェア州法に基づいて組成された外国事業体である LPS に出資し，そこで生じた損失を当該個人に帰属するものとして他の所得と損益通算した。これに対して，課税庁は，当該 LPS が日本の租税法上の法人に該当することを理由に，損失は当該 LPS に帰属するのであって個人に帰属するものではなく，損益通算はできないとして課税処分をした(注1)。

　本件の中心的な争点は，どのような判定基準でもって外国事業体である LPS が法人に該当するかどうかを判断するかである。

1　最高裁の判断

　最高裁は，次のような2つの判定基準を示した上で，本件の LPS は法人に該当すると判断した（下線部筆者）。

ⅰ　設立根拠法令の規定の文言や法制の仕組みから，当該組織体が当該外国の法令において<u>日本法上の法人に相当する法的地位</u>を付与されていること又は付与されていないことが疑義のない程度に明白であるか否かを検討して判断 ⅱ　（ⅰによる判断ができない場合に，）当該組織体が権利義務の帰属主体であると認められるか否かについて，当該組織体の設立根拠法令の規定の内容や趣旨等から，当該組織体が<u>自ら法律行為の当事者となることができ，</u>かつ，<u>その法律効果が当該組織体に帰属する</u>と認められるか否かという点を検討して判断

2　若干の検討

　前述のとおり，租税法上は「法人」の定義がなされていないが，法人の概念

そのものは他の法分野で用いられており，その概念が租税法でも用いられていると解する（これを借用概念という。）のが一般的である。問題は，借用概念を他の法分野で用いられているのと同じ意義に解すべきか，それとも租税法の観点から異なる意義に解すべきかであるが，原則として本来の法分野における意義と同じに解する（これを統一説という。）のが通説的見解である(注2)。

そこで，民法における法人の意義を確認すると，「法人は，この法律その他の法律の規定によらなければ，成立しない」（民法33），「法人は，法令の規定に従い……権利を有し，義務を負う」（民法34）とされている。さらに，「法人」と「外国法人」が区別され（民法36），外国法人については成立認許主義（外国法に基づいて成立するものを認許するとの建前）が採用されている（民法35）。

これらの規定より，日本の民法における法人とは，①日本法に基づいて成立し，②権利能力が認められる者，すなわち，法律行為の当事者となることができ，その法律効果の帰属主体性が認められている者をいうと解される。

仮に統一説の立場を徹底すると，民法上の法人が日本法に基づいて成立するものとされている以上，外国法に基づいて成立する外国事業体については，たとえその成立が認許されうるとしても，「法人」に該当する余地はないことになる。かかる結論は明らかに不合理であり，外国法に基づく法律関係が問題になる場合には一定の修正（明文に反しない限り，外国法上の概念を租税法上の概念に取り込むこと）が必要である(注3)。

もっとも，租税法律主義（憲法84）の要請から，無制限に外国法上の概念を取り込むのではなく，外国法に基づく法律関係が日本法に基づく法律関係と「同質性」を有する限りにおいて認められるべきと考える。

3 最高裁判決の評価

以上の検討を踏まえて，最高裁の判断を見てみると，判定基準ⅰは，日本法と外国法の法制度上の「同質性」が明らかな場合に，外国事業体について日本法上の法人に相当する法的地位が与えられているか（すなわち，日本法では自

然人である個人と自然人ではないものの権利能力を有する法人が法制度上で明確に区別されているところ，外国法でも同様に明確な区別がなされている場合に，外国事業体が後者に該当するか）どうかで判断するものと評価できる。

　また，判定基準 ii は，法制度上の同質性が明らかでない場合には，外国事業体の成立の根拠となる具体的な外国の法令において，日本法に基づく法人との「同質性」を基礎づける権利能力が認められているかどうかで判断するものと評価できる。

　以上要するに，日本の租税法上の「法人」には，日本の民法上の法人に加えて，それと同質性を有する外国法上のものが含まれるのであり，具体的には，①外国法に基づいて成立し，②権利能力を有する者（法律行為の当事者となることができ，その法律効果の帰属主体性が認められている者）が含まれると解される。

　本件の最高裁判決にはさまざまな評価がありうるが，以上の観点から理解することができる。かかる解釈論，すなわち，日本法上の概念との同質性を基礎として外国法上の概念を租税法上の概念に取り込む解釈論がどこまで普遍化できるかという射程の問題はあるにせよ，租税法上の定義がない場合に，外国法に基づく法律関係に日本の租税法をどのように適用すべきかという困難な問題に一定の方向性を示したものとして積極的に評価できる。

4　付随的な問題

　本件の最高裁判決は，外国事業体の法人該当性について判断したものといえるが，形式的には「外国法人」該当性について判断したものである(注4)。この点，租税法上の内国法人と外国法人の区別については，「本店又は主たる事務所」の場所によって判断される。これは実質的な経営がなされる場所を基準として判断するもの（実質経営地基準）とは異なり，本店等として登記又は登録された形式的な場所を基準とするものと解される。外国事業体に登記や登録といった制度がない場合は問題であるが，この場合には形式基準は機能せず，準拠法や当事者の意思の合理的解釈などによって本店等と同視しうる場所を実

質的に判断せざるを得ないものと解される。

　また，最高裁判決が示した判定基準では法人に該当しないとされる場合でも，外国事業体が人格のない社団（所法4，法法3）に該当すれば，やはり法人とみなされることに留意が必要である。これは，法令上は権利能力主体性が認められないものの，実質的な観点から判断して経済活動の主体性（損益の帰属主体性）が認められる場合に法人と同様の取扱いをするものである。社団性が認められるかどうかは，特に団体財産の独立性，すなわち団体の財産に対する個人の権利（持分）が希薄化した状態が重視されるものと解される。

II　日本の租税法における外国法の取扱い

　本件の最高裁判決は，外国事業体についての日本の租税法上の法人該当性について判断を示したものであるが，より一般的に，その解釈論を普遍化できるとすれば，租税法上で明確な定義がなされていない場合に，外国法に準拠してなされた法律行為について日本の租税法をどのように適用するかという問題を解決する糸口となりうる。

　かかる問題の一例として，日本の居住者が株主となっている外国法人について外国法に基づく組織再編行為がなされた場合に，株主段階での譲渡益課税の繰延べを認める日本の租税法上の組織再編税制の適用が認められるかという問題が挙げられる(注5)。この場合も，明文に反しない限り，日本法上の概念との同質性を要件として外国法上の概念の取込みを認めるべきと思われる。

　例えば，日本の租税法上，100％親子会社間の「合併」については適格合併として株主段階での課税の繰延べが認められているが，ここでいう合併は特に定義がなされておらず，会社法上の概念が用いられている。そして，会社法上の合併とは，日本の会社（株式会社，合名会社，合資会社又は合同会社）が解散し，その権利義務の全部が清算手続を経ることなく一般承継（包括承継）される効果を有するものとされており，外国法人はその対象にはなっていない。

　この点，租税法では，適格合併の適用対象となる合併の当事者について特に

内国法人に限定するものではない。それにもかかわらず，日本の会社による合併のみを租税法上の「合併」と認めるとすれば，外国法人の組織再編行為には一切適格合併の規定の適用の余地がないことになる。この結論は法人該当性の議論と同様に，明らかに不合理であるといえる。

そこで，外国法人についての外国法に基づく組織再編行為であっても，日本の会社法上の合併と同質性を有する場合，すなわち，外国法人が解散し，その権利義務の全部が清算手続を経ることなく一般承継される場合には，租税法上の「合併」と認めて，適格要件を満たせば適格合併の規定の適用を認めるべきと解される。

Ⅲ　租税条約の適用関係

本件の最高裁判決により，外国事業体については，権利能力主体性の有無によって法人該当性，ひいては納税義務主体性（損益の帰属主体性）が判断されることが明らかにされた。ところが，そのような判断はあくまでも日本の租税法上の判断であり，必ずしも日本の判断が外国でも同一であるとは限らない。

この点，租税条約は，締約国の居住者，すなわち納税義務主体性を有する者について適用が認められる。そこで，各国で納税義務主体性についての判断が異なる場合，租税条約の適用関係が問題となりうる。

この問題につき，OECD モデル租税条約で一定の解決が図られている（1条2項参照）。すなわち，ある事業体について締約国のいずれかが納税義務主体性を認めない場合（そのような事業体をパススルー事業体という。），当該事業体を通じて一方の締約国の国内で稼得された所得については，他方の締約国がその構成員又は事業体のいずれかに居住地国課税をする限り，当該一方の締約国（所得の源泉地国）において租税条約の適用を認めるべきとされている。

例えば，A国の居住者がA国で組成された事業体を通じてB国で所得を稼得する場合，A国が構成員を納税義務者とし，B国が事業体を納税義務者として取り扱うとすれば，両国で納税義務主体性が異なるが，A国は構成員に居住地

国課税をするので，B国において租税条約の適用を認めるべきことになる。

これに対して，A国の居住者が今度はB国で組成された事業体を通じてB国で所得を稼得する場合，先ほどの例とは逆に，A国が事業体を納税義務者とし，B国が構成員を納税義務者として取り扱うとすれば，A国では構成員と事業体のいずれにも居住地国課税をしないので，B国においては租税条約の適用を否定すべきことになる。

IV　まとめ

租税法上で明確な定義がなされていない場合に，外国法に準拠してなされた法律行為に日本の租税法をどのように適用するかは困難な問題であるが，本件の最高裁判決によって一定の考え方が示されたといえる。

すなわち，租税法で用いられている概念については，明文に反しない限り，日本法上の概念のみならず，それと同質性を有する外国法上の概念も含まれると解することで，外国法に基づく法律行為に日本の租税法を適用すべきと考えられる。

（注1）　事案の概要につき，藤谷武史「デラウェア州 LPS の日本租税法上の『法人』該当性」『ジュリスト』1470号（2014年）103頁，衣斐瑞穂「判解」『ジュリスト』1493号（2016年）65頁参照。
（注2）　金子宏『租税法〔第24版〕』（弘文堂，2021年）127頁，清永敬次『税法〔新装版〕』（ミネルヴァ書房，2013年）40頁など参照。
（注3）　中里実「課税管轄権からの離脱をはかる行為について」『フィナンシャル・レビュー』94号（2009年）11頁参照。
（注4）　酒井克彦「判批」『判例時報』2314号（2017年）156頁参照。
（注5）　太田洋＝佐藤修二「我が国の租税法規と外国私法との交錯」中里実ほか編著『国際租税訴訟の最前線』（有斐閣，2010年）355頁参照。

I　法人該当性の判断基準

野田：解説編では，本判決により，海外事業体に係る法人該当性の判断につい
て一定の方向性が示されたものとして積極的に評価できる旨が述べられてお
り，理論上はこれに賛同できます。

　しかしながら，実務上，法人該当性が問題となる海外事業体は，設立準拠
法を見ても法人格付与の有無が明確に確認できないものです。そこで，海外
事業体が法人に該当するか否かの判断は，結局，権利義務の帰属主体かどう
かという実質的な判断が必要とされる基準に依拠することになります。この
点，内国法人の法人該当性は客観性のある形式基準により容易に判断できる
のに対して，海外事業体の法人該当性は設立準拠法を解釈した上で実質的に
判断する必要がある難解なものであり，明らかに納税者の予見可能性を欠く
ものといえます。

　さらに，海外事業体の法人該当性が問題となる場面は多く，国際課税制度
の適用を検討する上では非常に重要です。例えば，外国子会社配当益金不算
入制度における「外国子会社」や外国子会社合算税制における「外国関係会
社」などの適用要件については，いずれも外国法人であることを前提として
います。そこで，法人に該当するかどうかの判断基準が客観性のある明確な
ものでない限り，海外LPS等の海外事業体を用いたグローバルな投資活動
に対して，課税上の取扱いが不明確であることによる萎縮効果が生じること
は否めないと考えられます。

木村：それは私も同感です。ただ，諸外国では多様な法制度があり，かつ，そ
の法制度も不変なものではない以上，外国法に基づいて組成されるすべての
事業体について，形式的な判断のみで法人と非法人に振り分けるルールをあ
らかじめ定めておくというのは立法上難しいのではないかとも思います。

　この点で興味深いのは米国ですが，諸外国の事業体で明らかに法人と認められるものをリスト化した上で，リストにない事業体については納税者に法人と非法人を自ら選択させる「チェック・ザ・ボックス」という独特の制度を採用しています。この制度は租税回避に利用されるものとして批判も多いですが，明確性という観点からはこれ以上ない制度であり，米国は他国からの批判にもかかわらず同制度を維持しています。これだけ割り切った制度にしないと形式的な基準のみで振り分けるというのは難しいという証左であると思われます。

　いずれにしても，日本の裁判所としては，法人該当性について形式的な基準を欠いた現行法を前提とした上で，どのように判断すべきかについて一定の基準を示したものであり，その判断は実質的で困難を伴うものであったとしても，それでもやはり意義のあるものとして積極的に評価できると思われます。

II　同質性の判断

野田：解説編では，外国法に基づく法律関係を日本の租税法に適用する例示として，クロスボーダー組織再編成を取り上げ，日本の会社法上の合併と同質性を有する場合には日本の租税法上の合併と認めて，その適格性の判定を行うことができるとしています。ここでの同質性の判断は法人についての同質性の判断よりも容易かつ明確であるような印象がありますが，その点はいかがでしょうか。

木村：日本と類似した法制度を有する国ではそのとおりかもしれません。しかしながら，コモンローやイスラム法など，日本とは異なる法体系であって日本とは異なる法制度を有する国でなされる組織再編成が日本の組織再編成と同質であるかという判断については，やはり一定の複雑困難性があると思われます。例えば，日本における合併に相当する制度はないものの，それと同様の効果をもたらす制度があったとした場合，それが合併といえるかという

ことには実質的な評価が必要であり，それほど容易かつ明確とはいえないと思われます。

Ⅲ　租税条約の考え方の応用

野田：解説編では，租税条約について述べられており，源泉地国では，居住地国において事業体を納税義務者として取り扱うかどうかに応じて租税条約の適用関係を判断するとされています。この考え方を応用して，事業体の所在地国が当該事業体を納税義務者として取り扱う場合には日本でも法人として取り扱うといった判断基準を設ければ，海外事業体の法人該当性について予見可能性が高まるように思われます。

木村：おっしゃった考え方では，ある事業体が組成された外国の租税法で納税義務者として取り扱われる場合に，日本の租税法で外国法人として取り扱うことになるかと思います。確かにそのような取扱いは明確ではありますが，外国で租税法の改正がなされる都度，日本における取扱いが変わることになるという難点があります。

　また，法人格のない組合でも当該組合自体が外国で納税義務者とされている場合は日本で法人として取り扱われ，逆に，法人格のある団体でも構成員が納税義務者とされる場合は日本では法人として取り扱われないことになります。このような取扱いは「法人」という法律上の概念から乖離しますので，これを租税法の体系とどのように整合させるかという問題があると思われます。

Ⅳ　本件課税処分の教訓

佐藤：本判決をめぐる諸問題については解説編と野田さんのコメントに尽くされているので，少し観点を変えて，そもそもの本件の課税処分の問題点について触れたいと思います[注1]。

　本件の背景として，日本の個人投資家が米国 LPS を利用して中古不動産に投資して損失を取り込もうとする一種の節税スキームがあり，これを否認しようとした課税当局の意図は，理解できます。しかし，課税の理屈として，「LPS は法人である」という大胆な議論を持ち出したことが，問題であったと思われます。LPS は，「パートナーシップ」の一種であるところ，「パートナーシップは，法人ではなく，組合ですよね」というカジュアルな感想を，国税関係の方からも聞いたことがあります。LPS が法人だ，というのは，国税においてもあまり馴染みのない見解だったのではないかと推察する次第です。

　このような課税処分が行われたために，最高裁も，課税当局の議論を尊重し，デラウェア LPS が法人であるとの判断をしました。その結果として，本件とは関係のないところで，デラウェア LPS を通じて投資を行っていた日本の年金基金が日米租税条約上の特典を受けられないという問題が発生しました。この年金基金をめぐる問題の重大性から，国税庁は，デラウェア LPS についてパススルーとする取扱いを争わないという，最高裁判決に反する内容の見解を，しかも英文のみで発表するという事態となりました。

　この点につき，法解釈について最終的な権限を有する最高裁の法解釈が，執行官庁であるにすぎない国税庁によって無視された，という趣旨の痛烈な批判がされています（注2）。課税当局としては，デラウェア LPS を通じて日本の年金基金への投資が行われていることを知らなかったのかどうか，真相はわかりませんが，「LPS は法人である」というような大胆な法解釈をもとにした課税処分は，よほど慎重に行うべきであるという教訓を残した事案のように思われます。

木村：租税法の解釈適用に当たっては，理論と実務のほどよいバランスが必要であるということの一例であるかと思います。理論を突き詰めると，現実の執行に問題が生じる場合があり，それを緩和するための実務というのが重要です。そして，実務を統一するのが通達であり，基本的には通達に従って実務がなされることで円滑に執行がなされています。ただ，通達や実務に寄り

すぎると，個々のケースで不都合が生じることがあります。担税力のないところに課税がなされたいわゆる馬券事件（注3）などが典型ですが，そのようなケースでは，課税当局としても，きちんと理論に戻って考えることが重要です。

　本件は，これとは逆に，LPSがパススルー事業体であるという実務によると適正な課税ができないという不都合が生じるケースでした。そこで，課税当局では，理論的に突き詰めて検討した結果，LPSが法人に該当するという，佐藤さんの言われるところの大胆な法解釈に至ったものと思われます。その発想自体はよいのですが，実務上の影響にまでは思いが至らず，理論に寄りすぎた結果，年金基金が日米租税条約上の特典を受けられなくなるという状況を招いてしまったものと思います。

（注1）　主に，中里実「一般的租税回避否認規定とナチスドイツ」同ほか編著『BEPSとグローバル経済活動』（有斐閣，2017年）1頁以下，増井良啓＝宮崎裕子『国際租税法〔第4版〕』（東京大学出版会，2019年）第11章に依拠。
（注2）　増井＝宮崎・前掲（注1）254頁。
（注3）　最判平成29年12月15日・税資267号順号13100。

第 **4** 章

倉庫 PE 事件

恒久的施設該当性の判断――補助的活動の除外

　本章で取り上げる倉庫PE事件（東京高判平成28年1月28日・税資266号順号12789）は，非居住者であるインターネット販売業者の倉庫等が日米租税条約上の恒久的施設（PE）に該当するとして，その販売収益相当額が日本において課税された事例である。

　この点，非居住者が稼得する事業所得については，多くの租税条約（及び国内法）で「PEなければ課税なし」の原則が定められているが，インターネット販売は，国内に必ずしも物理的な販売拠点がなくても，インターネット上で商品を販売することが可能であるという特性がある。これは物理的な商品ではなくデジタル商品であればなおさらであり，現在，かかる「デジタル経済」にどのように課税するかが国際的な問題となっている。

　本件では，商品そのものは物理的なものであり，その保管及び引渡しのために日本の国内の倉庫を使用していたことから，そのPE該当性が問題となった。これが租税条約上のPEに該当しなければ，たとえ国内法上は課税の対象になるとしても日本での課税は認められない。

　租税条約上のPE該当性が争われた事例は少なく，本章では，関連する問題とあわせて検討したい。なお，実際には，倉庫とアパートがあわせて問題とされたが，実質的な機能を有しているのは倉庫のみであり，本章では単に倉庫として論じることにしたい。

I 事案の概要

　本件では，米国の居住者である個人（以下「X」という。）がインターネットを通じて日本の顧客に商品を販売する事業を営み，商品の保管及び引渡しのために日本国内の倉庫を賃借し，自らは米国にいながら日本のパート従業員に当該倉庫での商品の発送業務等を行わせていた（注1）。

　Xが日本で申告納税をしなかったところ，課税庁は，販売収益相当額が日本で課税の対象になるとして課税処分をした。Xは，本件の倉庫は日米租税条約上のPEに該当せず，日本での課税は免除される旨を主張して争った。

　具体的には，倉庫はPEとなりうる物理的な施設であるものの，商品の保管や引渡しのみに用いられる施設については，条文上，PEの範囲から明示的に除外されており，本件の倉庫がPEには該当しない旨を主張した。また，仮にPEに該当するとしても，倉庫に帰属する所得は販売収益相当額ではなく倉庫業から生じる収益相当額である旨を主張した。

　これに対して，課税庁は，倉庫であってもそこでの活動が補助的なものにとどまらない場合にはPE除外規定の適用はない旨を主張した。その上で，本件の倉庫は販売拠点であって補助的な活動にとどまらず，また，帰属する所得は販売収益相当額であることを主張した。

1 本件の争点

　本件では，①商品の保管及び引渡しのための倉庫についてPE除外規定が適用されず，租税条約上のPEに該当するか，②PEに該当するとして倉庫に帰属する所得はどの範囲か（販売収益か倉庫業収益か），という争点のほか，そもそも日米租税条約が適用されるかという点も問題となった。

　すなわち，日米租税条約のように特典制限条項（LOB条項）を有する租税

条約に基づいて所得税の免除を受けようとする場合，国内法上，必要書類を添付した届出書の提出が必要とされていたが，Xはその提出をしていなかった。そこで，③届出書の提出がなければ租税条約の適用を受けられないか，という点もあわせて争点となった。

II　PE該当性

1　問題の所在

日米租税条約を含めて，一般に租税条約上のPE（物理的PE）に該当するためには，事業を行う一定の場所であって，その場所を通じて企業がその事業の全部又は一部を行っている必要がある（5条1項）。これを具体的な要件に分解すれば，次のとおりとなる。

> **＜物理的PEに該当するための要件＞**
> ① 事業を行う「場所」であること
> ② その場所が地理的に「一定」していること
> ③ その場所が時間的に「一定」していること
> ④ 自己の場所であること
> ⑤ その場所を「通じて」
> ⑥ 自己の事業が行われること

本件の倉庫がこの要件を満たすことに特段の問題はない。本件で問題となったのは，この要件を満たすとしても，商品の保管や引渡しのためにのみ使用する施設については明示的にPEの範囲から除外されていることである（5条4項(a)）。これは準備的・補助的活動にのみ使用される施設については，例外的にPEの範囲から除外することを定めたものである^(注2)。

ここでの問題は，2つ（ないし3つ）に分けられる。まず，商品の保管や引渡しのためにのみ使用する倉庫でも，それが補助的活動にとどまらない場合に

は PE 除外規定は適用されないと解すべきかという法令解釈の問題である。

　次に，そのような場合は PE 除外規定が適用されないとして，本件の倉庫での活動が補助的活動といえるかという事実認定の問題である。この事実認定の問題は，どのような基準で補助的活動に該当するかを判断するかという判断基準の問題と，本件の事実関係を同基準に当てはめるという事実評価の問題に分けられる。

2　裁判所の判断

　裁判所（東京地裁の判断を基本的にそのまま維持した東京高裁）は，まず，条文の文言及び OECD モデル租税条約コメンタリーを根拠に，補助的活動にとどまらない場合には PE 除外規定は適用されないとの解釈を示した。

　その上で，事実認定としては，補助的活動については特段の判断基準を示すことなく，本件の倉庫は販売拠点としての役割・機能を有しており，また，通信販売では発送業務が重要な業務であることから，結論として補助的活動には該当しない旨を判示した。

3　法令解釈

　裁判所の判断は結論として正当である。文理解釈上はいずれの解釈もありうるところ，5 条 4 項の文脈及び趣旨目的からすれば，同項は準備的・補助的活動との実質を有するものを PE の範囲から除外することが明らかであり，形式的に要件を満たすからといって同項が適用されるものではない。このことは，例えば，PE に当たるものを例示列挙した 5 条 2 項の要件を形式的に充足するからといって，実質が伴わない場合には PE には該当しないことと同様である。

　なお，2017年改正後の OECD モデル租税条約では，実質的な観点から準備的・補助的な活動とはいえない場合には PE 除外規定の適用がないことが明確にされている。

4 事実認定

　裁判所の判断には疑問がある。PE 除外規定が商品の保管や引渡しをあえて個別に列挙しているのは，これらの活動は一般に補助的活動にとどまる性質を有するものであることが含意されていると解されるのであり，これらが補助的活動には該当しないと認定することについては，慎重である必要がある。

　一般に，ある活動がどのような場合に補助的といえるかは，事業全体から見た当該活動の必要性や重要性の程度が考慮される[注3]。具体的には，経済的観点から観察して，所得の源泉となるべき本質的な機能とそれに付随する従属的な機能を区別し，第三者によって代替すること（業務委託すること）が容易なものは従属的な機能というべきと思われる。逆に，そのような代替が困難な機能こそが本質的な機能であり，所得の源泉となるべきものと解される。

　通常，販売事業においては，商品を仕入れて販売することが主たる業務であり，保管や引渡しはそれに付随する従たる業務といえる。インターネット販売の場合，インターネット上での情報提供や申込みの誘因が重要であり，商品の発送等は，それが配送網の構築などの高い付加価値を生むような性質のものでない限り，やはり代替が容易な付随的な業務にとどまるものというべきである。

　本章では事実認定の詳細には立ち入らないが，本件のインターネット販売事業の本質的な機能はあくまでも X が米国にいながらインターネット上で果たしており，日本のパート従業員は付随的な機能を担うにすぎないと考えるのが自然であるように思われる。

III　帰属所得の算定

　PE に帰属する所得の算定につき，OECD が採用する独立企業アプローチ（AOA）によれば，機能分析に基づき，経済的な観点から，企業全体の中で PE が果たす役割，使用する資産，管理するリスクを踏まえて，PE が「独立した企業であれば有したであろう所得」が帰属することになる。その実質は，移

転価格税制における独立企業原則に従った関連企業間の適正な収益の配分に相当するものである。

　日米租税条約では AOA そのものは採用されていないが，その背景にある独立企業原則の考え方は共通する。仮に倉庫が PE であると認められたとして，当該倉庫に帰属する所得を算定するに当たっては，当該倉庫が果たしていた機能と米国でXが果たしていた機能を分析することが重要である。

　この点，裁判所は，倉庫が販売拠点であったとの事実認定の下，当該倉庫には販売収益相当額が帰属するとの判断をした。ここでも事実認定の詳細には立ち入らないが，販売拠点はあくまでもインターネット上であり，倉庫は販売拠点ではないと考えるのが自然であるように思われる。そうであるならば，倉庫に帰属する所得はあくまでも倉庫業収益相当額にとどまるとするXの主張には理由がある。

IV　届出書の法的性質

1　本件における判断

　最後に，租税条約の適用を受けるために届出書の提出が必要かという問題を取り上げる。この点，届出書の提出義務については，法律ではなく，租税条約の実施に関する法律を施行するための財務省令が定めるにすぎない。そこで，裁判所は，租税法律主義（憲法84）に照らし，届出書の提出がなくても租税条約の適用を受けることができると判断した。

　この判断は正当であると思われる。憲法98条2項は租税条約が国内法に優先することを定めており，その内容が明確であれば直接適用されるというのが一般的な考え方である。租税条約による課税の免除は内容が明確であり，直接適用されると考えられることから，これを国内法でもって制限するとすれば憲法違反の問題が生じうる。

　もっとも，租税条約の内容をどのような手続で実施するかは各国に委ねられ

ている（注4）。そこで，実体要件としての制限ではなく，適用のための手続要件を定めること自体は租税条約に反するものではなく，憲法違反にもならないと解される。ただし，手続要件であっても課税要件に関する以上，法律の定めによるべきことが租税法律主義の要請である（注5）。

したがって，省令で定められた義務にすぎない届出書を提出しないとしても租税条約の適用が認められるとの判断は正当である。

2　源泉所得税の減免の場合

申告所得税の免除ではなく，源泉所得税の減免の場合にはどのように考えるべきか。申告所得税は納税義務者と国との二者関係であるが，源泉所得税はさらに源泉徴収義務者が関係する。届出書の提出なくして源泉徴収税額の減免が認められるか。

この点，省令では，所得の支払前に届出書が提出された場合は源泉徴収時に税額の減免がなされ，そうでない場合には国内法に基づく税額の徴収がなされた上で，納税義務者が国に対して差額を直接還付請求できるとされている。一般に，源泉徴収関係では納税義務者は国とは直接の関係に立たず，源泉徴収義務者のみが還付請求できるとされていることと対照的である。

これについては，申告所得税の場合と同様の理由で，本来，届出書の提出がなくても，源泉徴収義務者は租税条約の定めに従って減免された税額を源泉徴収すべきであり，国内法に基づく税額の徴収が過大であれば国に還付請求できるが，省令上で便宜的な手続として，納税義務者が直接還付請求することも認められていると解することができると思われる（注6）。

V　まとめ

租税条約上の PE 該当性については，まずは PE に該当するための積極的要件を満たすかを検討した上で，準備的・補助的活動についての PE 除外規定の適用の有無を判断する。

　そして，ある業務が補助的活動に当たるかどうかは，経済的な観点から，その事業における所得の源泉としての本質的な（代替困難な）機能を有するか，それとも付随的な（代替容易な）機能を有するにとどまるかという基準で判断すべきである。

（注１）　事案の概要につき，原審の評釈である藤谷武史「インターネット販売業者のアパート及び倉庫が日米租税条約上の恒久的施設に該当するとされた事例」『ジュリスト』1494号（2016年）119頁，小山浩「恒久的施設の意義―インターネット販売倉庫事件」別冊ジュリスト253号『租税判例百選〔第７版〕』（2021年）142頁参照。
（注２）　OECD モデル租税条約コメンタリー５条パラグラフ58参照。
（注３）　OECD モデル租税条約コメンタリー５条パラグラフ59参照。
（注４）　OECD モデル租税条約コメンタリー10条パラグラフ19参照。
（注５）　藤谷・前掲（注１）121頁も同旨。
（注６）　増井良啓「租税条約実施特例法上の届出書の法的性質」『税務事例研究』114号（2010年）75頁も，届出書は租税条約上の実体的要件の存否を明らかにするための情報提供手段にすぎないと解する。

I 法解釈上の疑問

佐藤：本件の課税処分，ひいては本判決には，以下の2点で法解釈上の疑問があります。これら2点は，租税条約の解釈のあり方という点でも重要な示唆を含むように思われ，『租税条約入門』のご著書のある木村さんの見解を伺いたいと思います。

　1点目は，本判決は，日米租税条約5条4項(e)の「その他の」という文言を重視し，(a)から(d)は，準備的・補助的なものの「例示」であるから，倉庫についても，ただ倉庫であればよいというのではなく，その倉庫が準備的・補助的なものにとどまることが必要だ，とした点について，（これは，私が担当した東大ロースクールの国際租税法の授業でこの事件を取り上げた際に，学生さんからコメントがあった点ですが，）条約には和文のみならず英文もあるのであり，和文の文言を論拠とすることは適切ではないのでは，という点です。

　2点目は，藤田耕司先生が指摘するように，倉庫は，OECD モデル条約では，準備的・補助的であるか否かを問わずに PE には該当しないという立場が取られており，（他方で，国連モデル条約では，倉庫も PE に当たるとする立場が取られているところ，）課税処分は，OECD モデル条約ベースの日米租税条約を，国連モデル条約の考え方に従って解釈したものではないか，という疑問です[(注)]。

　なお，余談めいたことですが，私の知人の複数の租税弁護士の方から，ヨーロッパ人の会合でこの判決を紹介したところ，この判決のような解釈が可能なのであれば，そもそも BEPS プロジェクトで倉庫が PE であることを明確化する必要すらなかった（逆に言えば，BEPS による変更前の条約の解釈としては，本判決には無理がある）というコメントが優勢であったと聞い

たことがあります。そのあたりについても，ヨーロッパに留学された木村さんのコメントをお伺いしたいと思います。

木村：まず，1点目ですが，ヨーロッパでは実務上問題になることも多いとされている興味深い論点です。前提として，通常，公用語が異なる国家間で租税条約が締結される場合，それぞれの国の言語が（非英語圏の国家間ではこれに英語を加えた3つの言語が）いずれも正文とされることが多いと思われます。本件で問題となった日米租税条約でも，和文・英文の双方が等しく正文であるとされています。その意味で，日本の裁判所が和文に基づいて解釈したこと自体は正当と思われます。

　問題は，複数の言語による正文がある場合，どうしても言語間で文言に相違が生じることです。この場合に，いずれの言語に従って条文を解釈するかというのが難問であり，これは各国の裁判所に判断が委ねられており，確立した答えはないものと理解しています。この点，日本が締結する租税条約はOECDモデル条約をベースにしており，これにはもともと和文がありませんので，OECDモデル条約で定められた文言について和文と英文で相違がある場合は，基本的にはOECDモデル条約が正文とする英文を見るというのが正当であるように思います。

　もっとも，本件では，和文の「その他の」の文言が重視されていますが，英文にもこれに対応する「any other」の文言がありますので，特に内容に齟齬があるというものではなく，英文に基づいたとしても同様の解釈に至ることが可能であったと思われます。

　なお，先ほど「ヨーロッパでは」と述べましたが，OECDモデル条約は英語とフランス語をともに正文としていますので，これらの文言に相違がある場合，いずれも優劣をつけられないという深刻な状況になります。この場合にどのように解釈するかについて，フランス語を正文とする租税条約が少なくないヨーロッパ諸国で多くの議論が見られるところです。

　次に，2点目ですが，BEPSが問題になる以前より，OECDでは，準備的・補助的な活動に係るPE除外規定の適用範囲が議論されていました。す

なわち，準備的・補助的なものとして列挙された倉庫などが実質的な観点か
らは準備的・補助的とはいえない場合であっても，PE 除外規定が形式的に
適用されるか，それとも実質的な観点から適用範囲が限定されるかというこ
とが争点となっていました。

　確かに，列挙された倉庫等について，実質的な観点から適用範囲を限定す
る文言はなく，予測可能性の観点から，PE 除外規定は形式的に適用される
べきという考え方が OECD では主流でした。ただ，その点については必ず
しもコメンタリーでは明確にされておらず，各国の裁判所がこれとは異なる
解釈をする余地は十分にありました。むしろ，PE 除外規定の趣旨からすれ
ば，実質的な観点から適用範囲を限定するほうが合理的であるとも考えられ
ていましたので，本件で日本の裁判所が OECD モデル租税条約をベースに
した日米租税条約を解釈するに当たって，PE 除外規定を限定的に解釈した
ことは十分にありうるものであったと思われます。

　その後，BEPS プロジェクトでモデル条約の文言が改正され，PE 除外規
定の適用範囲が限定されることが明確にされましたが，これには解釈上の疑
義をなくすという意味があったと思われます。すなわち，先ほど述べました
とおり，改正前は裁判所によって異なる判断がなされる可能性があり，実際
に日本では限定的な解釈が認められました。他方で，多くの国では，限定的
な解釈が認められず，PE 除外規定が形式的に適用されていたと思われます。
そのような異なる解釈の余地をなくすというところにモデル条約改正の意義
があったものと理解しています。

II　補助的活動の判断基準

野田：解説編では，PE 除外規定が商品の保管や引渡しをあえて個別に列挙し
　ている理由として，これらの活動が一般に補助的活動にとどまる性質を有す
　るものであることが含意されていると解されているからであり，これらが補
　助的活動に該当しないと認定することについては，慎重である必要があると

述べられています。

　他方で，モデル条約の改正後は，個別に列挙されているものであっても，補助的活動であると認められる場合には PE 除外規定の適用がないことが明確にされています。そこで，倉庫等が補助的活動に該当するようなケースが想定されているものと理解できますが，どのような場合に補助的活動であると認められるかの判断基準は必ずしも明確でなく，適正な課税を図ることが困難であるように思われます。

木村：倉庫等が補助的活動に該当するかどうかについては，主たる事業との関係で相対的な重要性を実質的に判断する必要がありますので，ご指摘のとおり，その判断基準は必ずしも明確ではないと思われます。まずは主たる事業が何であるかを踏まえて，問題となる倉庫等についてどの程度の規模の資産や人員を要するものであるか，第三者において容易に代替可能であるかといった要素を考慮して，倉庫等が主たる事業にとって付随的なものといえるかどうかを総合的に判断せざるを得ないと思われます。

　ただ，典型的な事案，例えば，アマゾンのようなケースでは，倉庫が補助的活動に該当しないということは容易に判断が可能であり，そのような場合には適正な課税が図られることになると思われます。

Ⅲ　PE に帰属する所得

野田：解説編では，販売拠点はあくまでインターネット上であり倉庫は販売拠点ではないとし，倉庫に帰属する所得は倉庫業収益相当額にとどまると述べられています。

　しかしながら，当該倉庫が PE であるという前提に立つ場合，当該倉庫はもはや補助的な性格を有するものにとどまらないと評価できることから，PE に帰属する所得が倉庫業に係る収益のみで構成されるという見解には疑問が残ります。すなわち，PE 帰属所得の金額は，PE を通じて行う事業に係る益金の額から当該事業に係る損金の額を控除した金額として規定されてい

るところ，本件では仕入れた商品が日本国内の倉庫に納入されて保管され，販売先に出荷されていますので，商品販売は当該倉庫を通じて行われているといえます。このことからすると，PE 帰属所得は，商品販売業に係る収益で構成されると考えるべきではないでしょうか。

木村：倉庫が補助的活動にとどまらないとしても，必ずしも商品販売業に係る収益がそのまま当該倉庫に帰属するということにはならないと考えています。

　すなわち，インターネット上で商品を販売する事業者の拠点（本店）が海外にありますので，商品の納入・保管・出荷のための拠点（PE）が日本にあるとしても，本店と PE がそれぞれ独立した企業であるとすれば，当然，本店にも帰属すべき所得があります。そこで，PE が果たしている機能を分析した上で，販売収益がどの範囲で PE に帰属するかを見ることになります。その結果，PE に帰属すべき収益の金額は倉庫業に係る収益に相当する金額にとどまるということも十分考えられると思われます。

Ⅳ　手続要件の効力

野田：解説編で最後に取り上げられている手続要件の効力に関する判示は，重要で汎用性の高いものといえます。実特省令で規定された租税条約に関する届出書の提出義務のみならず，その他の政省令で規定された手続要件についても，当該要件の充足の有無が課税関係に影響を及ぼすか否かの点で以前から疑義がありました。そこで，本判決において，手続要件を満たさない場合であっても，そのことが課税関係に直接影響を及ぼすことはないとの解釈が示されたことは，実務上，非常に有益であると考えられます。

木村：私も同意見です。少し補足しますと，手続要件には2類型あると考えています。1つは課税要件としての手続要件であり，もう1つは租税行政の便宜のための手続要件です。

　前者については，法律で定めがなされている限り，手続要件を満たさなければ課税上で不利な取扱いがなされてもやむを得ないと思われます。後者に

ついては，手続要件を満たさない場合に，行政上の取扱いで事実上の不利益
がありうるとしても，課税上の取扱いで法律上の不利益があってはならない
と考えられます。その意味で，法律による具体的な委任なくして政省令にお
いて定められた手続要件については，基本的には後者の類型のものであると
理解すべきであると思われます。

(注)　藤田耕司「支店なしの外国法人の課税―電子書店への課税事例にちなんで」『ジュリスト』
　　1447号（2012年）21頁。

第 **5** 章

アドビ事件

関連者間取引をめぐる課税リスクへの対応

　　本章で取り上げるアドビ事件（東京高判平成20年10月30
日・税資258号順号11061）は，関連会社間の業務委託契約
を用いたタックスプランニング（アレンジメント）に対し
て課税庁が移転価格税制を適用したものの，裁判所によっ
てその課税処分が取り消された事例である。

　　本件は移転価格税制に関する裁判で納税者が初めて勝訴
した事例として著名であるが，その後 BEPS プロジェク
トの進展などを受け，国際課税をめぐる制度は目まぐるし
く改正されている。そこで，本事例を素材として，改めて
今日的視点で関連者間取引をめぐる課税リスクについて検
討することとしたい。

I　事案の概要

　企業が国外で商品を販売する場合，販売拠点として現地に子会社や支店を設立することがありうるが，この場合，子会社や支店には販売利益相当額の所得が帰属し，その国で課税関係が生じることになる。ここで，その国の税率が高い場合には，企業としては，現地に帰属する所得を少なくさせる誘因が働くことになる。

　その方法の1つとして，現地で子会社に自ら販売をさせる代わりに親会社の販売サポート業務をさせるという業務委託契約を用いたアレンジメントが考えられる。これは親会社が子会社に商品を販売し，子会社が第三者に商品を再販売するという取引形態をとるのではなく，親会社が第三者に直接商品を販売するという取引形態をとり，子会社はその販売サポートというサービス（役務提供）のみを行うというものである。

　これにより，子会社には商品販売から生じる利益相当額ではなく，より低い額の所得（役務提供の対価としての手数料等）のみが帰属することになる。

　本件でも，この業務委託契約を用いたアレンジメントがなされている（**図表**参照）（注1）。すなわち，従前は日本法人である納税者（X）が親会社である米国法人から製品を購入して日本で自ら再販売する取引（再販売取引）をして販売収益を得ていたところ，業務委託契約により，Xは国外関連者が国内で製品を販売する際のサポート（役務提供取引）をして手数料等のみを得ることとされた。

【図表】業務委託契約を用いたアレンジメントによる取引形態の変化

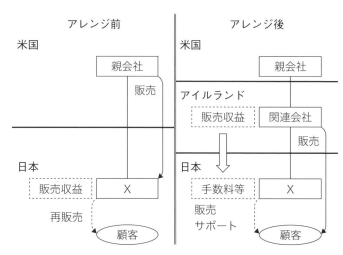

1　課税処分と裁判所の判断

　課税庁は，業務委託契約の前後でXが果たす機能や負担するリスクに実質的な変化がないにもかかわらず，Xに帰属する所得が従前より少なくなることは認めがたいとして，移転価格税制を適用して課税処分を行った。

　これに対して，裁判所（東京高裁）は，業務委託契約後のXと国外関連者との取引（国外関連取引）は法的にも経済的実質においても役務提供取引であり，（課税庁が比較対象取引として選定した）再販売取引とはその機能及びリスクに明白な差異があるとして，課税処分を取り消した。

2　本判決の意義

　本判決は，数少ない移転価格税制に関する裁判例の1つであるが，その適用に当たっての基本的な考え方として，国外関連取引と比較対象取引のそれぞれで当事者が果たす機能と負担するリスクを比較した上で，その類似性（比較可能性）を判断することが重要であることが確認された（注2）。比較可能性についての判断はあくまでも事実認定の問題であるが，価格に影響を与えうる重要

な点に差異がないかを慎重に判断する必要があろう。

　なお，このように，移転価格税制の適用に当たって，比較可能性についての判断が重要であることは，その後のホンダ事件（東京高判平成27年5月13日・税資265号順号12659）でも確認されている^(注3)。

II　代理人 PE 課税

1　問題の所在

　本件のような業務委託契約を用いたアレンジメントに対して，課税庁としては，子会社に移転価格税制を適用するほか，親会社に PE 課税することが考えられる。すなわち，親会社のために活動する子会社が親会社の代理人 PE に該当すれば，当該 PE に帰属する所得について親会社に課税することが可能となる。

　代理人 PE が認められるためには，国内法上の要件を満たす必要があるほか，租税条約の適用がある場合には，租税条約上の代理人 PE の要件も満たす必要がある。一般に，国内法上の PE の要件よりも租税条約上の PE の要件のほうが厳格であり，租税条約上の要件を検討することが重要である。

　従前，租税条約上で代理人 PE が認められるためには，その者が本人に代わって契約を締結する権限を有することが必要とされていた。かかるところ，業務委託契約では，法的には子会社には契約締結の代理権は与えられず，たとえ子会社が販売サポートとして契約の実質的な合意に至るまでの交渉を行うとしても，PE 課税は困難であるとの問題があり，これが租税回避行為に用いられるおそれがあることにつき，OECD において指摘されていた。

2　PE の範囲の拡張

　BEPS プロジェクトではこの問題が正面から取り上げられ，租税条約上の PE の範囲が拡張された。すなわち，BEPS 最終報告書を受けて改正された

OECD モデル租税条約及び BEPS 防止措置実施条約では，本人のために活動する者が契約締結の代理権を有していないとしても，契約の締結につながる主要な役割を果たす場合には，代理人 PE になりうることが明確に定められた。

　契約の締結につながる主要な役割を果たすと認められるのは，子会社が契約の締結に向けた交渉等を行い，その結果が特段の修正をされずに親会社に受け入れられ，契約の締結に至ることが通常であるような場合であると解される(注4)。子会社にそのような役割が認められれば，親会社の代理人 PE となりうる。

　また，ここでの「契約」の範囲も拡張され，本人の資産を移転することや本人が役務提供することを内容とする契約も含まれることが明確に定められた。

　なお，日本の国内法でも，平成30年度税制改正によって PE の定義の見直しがなされており，租税条約の規定にあわせて代理人 PE の範囲が拡張された。もとより日本の国内法上の PE は租税条約上の PE よりも範囲が広かったものの，今般，租税条約が改正されることで，その間隙が生じることをふさぐ目的で，これにあわせて国内法も改正された。さらに，国内法と租税条約で PE の定義が異なる場合に，租税条約上の PE を国内法上の PE とする旨の調整規定も整備された。

　いずれにせよ，PE の範囲が拡張されることで，今後，業務委託契約において定められた子会社の役務提供の内容として，契約の締結につながる主要な役割が含まれる場合，PE 課税の対象とされる可能性が高くなる。

3　独立代理人の例外

　本件のような関連会社間での業務委託契約を用いたアレンジメントに限らず，企業としては，すでに現地で活動をしている独立した事業者と契約をして販売サポート業務を委託するということもありうる。そのような事業者が常に代理人 PE に該当するとすれば，現地で申告納税義務を負担することになり，円滑な経済活動が阻害される。

　そこで，租税条約では，次の要件を満たす場合には，独立代理人として代理

人PEの範囲から除かれることが認められている。前記のとおり代理人PEの範囲が拡張された状況では，課税リスクを分析するに当たって，独立代理人の要件をあわせて検討することが今後より重要になると考えられる。

> **＜独立代理人の要件＞**
> ⅰ　独立性を有すること
> ⅱ　通常事業として活動すること
> ⅲ　専属的に密接関連企業のために活動するものでないこと

　このうち，ⅰ独立性については，法的な観点からの独立性（本人の指示や管理監督に関する権限の程度や内容）と経済的な観点からの独立性（事業に係るリスクを代理人がどの程度負担するか，報酬の取決めがどのようになされているかなど）を総合的に検討する必要がある。

　この点，独立した第三者であっても，その者との間で専属的な契約をし，かつ，その専属性が長期にわたって継続するような場合には，その者に経済的な独立性が認められることは難しいものと解される。

　さらに，子会社の場合，親会社との間で資本関係（支配関係）があることをもって直ちに独立性が否定されるわけではないが，子会社が密接関連企業である親会社との間で専属関係にあれば，それだけでⅲの要件を満たさず，独立代理人には該当しない。専属的であるかは，親会社以外の者との間の取引が事業の重要な一部を占めるか（少なくとも事業全体の10％以上であるか）という観点で判断することになると解される[注5]。

4　代理人PEのリスク

　以上のとおり，業務委託契約に定められた内容として，受託者（子会社）が契約の締結につながる主要な役割を果たし，かつ，独立代理人の要件も満たさない場合，委託者（親会社）は代理人PEを有すると認められ，それに帰属する所得を申告納税する必要が生じる。

　この点，販売サポートをする子会社は，移転価格税制の観点から独立企業原

則に基づく適正な対価（手数料等）の支払を親会社から受ける必要があり，さらに親会社は，代理人 PE に帰属すべき適正な所得（販売収益）を同じく独立企業原則に基づいて算定する必要がある。

　代理人 PE が認められる場合，このように現地において子会社と親会社の双方に対して課税がなされるリスクが生じる。これらの課税が親会社の所在地国との間で適切に調整されないとすれば，二重課税の負担が生じる。

　このことから，関連会社間の取引では，移転価格税制の観点のみならず，PE 課税リスクの観点からの検討が重要となる。

Ⅲ　その他の PE 課税

1　物理的 PE

　子会社をめぐる PE 課税として，代理人 PE のほか，物理的 PE も問題となりうる。すなわち，子会社が親会社のために何らかの活動をする場合，子会社の事業場が親会社の事業場であると認定される可能性がある。

　この点，OECD モデル租税条約では，企業間に一定の支配関係が認められるからといって，直ちに被支配者の事業場が支配者にとっての事業場に該当するわけではないことが明確にされている（7 条 7 項）。つまり，親会社が資本関係を通じて子会社を実質的に支配しているとしても，そのこと自体を理由に子会社の事業場が直ちに親会社の事業場として PE に該当するわけではない。

　もっとも，そのような資本関係ではなく，契約関係や事実関係として子会社の事業場（の一部）を親会社が自ら直接管理支配していると認められる場合，親会社の事業場として PE に該当しうることになる[注6]。

2　デジタル PE

　デジタル経済の発展により，インターネットを通じた商品販売や役務提供が容易になり，物理的拠点のみならず，現地でそのサポートをする者も不要とな

りうる。そのような場合でも，現地で相当な規模の経済活動を展開することが可能であり，現地の課税当局としては重大な利害を有する。

　そこで，このようなデジタル経済上の取引から生じる収益に対する課税権を確保するため，新たな PE（デジタル PE）として，ウェブサイトやアプリなどのデジタルプラットフォームを通じた販売等が一定の規模の売上高を有することをもって PE とみなすといった議論もなされている。かかる PE の範囲をめぐる議論は将来も継続がなされる見込みであり，注視していく必要がある。

IV　まとめ

　関連会社間で業務委託契約などの取引を行うに当たっては，移転価格税制の観点のみならず，PE 課税リスクの観点から，どのような場合に PE が認められうるかを検討することが重要である。また，非関連者との取引であっても，代理人 PE の範囲が拡張したことを踏まえて，独立代理人の要件をあわせて検討することが今後重要となる。

（注1）　事案の概要につき，太田洋＝手塚崇史「アドビ移転価格事件東京高裁判決の検討」『国際税務』29巻3号（2009年）43頁参照。
（注2）　藤枝純「独立企業間価格の意義(1)―アドビ事件」別冊ジュリスト228号『租税判例百選〔第6版〕』(2016年) 140頁参照。
（注3）　佐藤修二「独立企業間価格の意義(2)―残余利益分割法」別冊ジュリスト253号『租税判例百選〔第7版〕』(2021年) 151頁参照。
（注4）　OECD モデル租税条約コメンタリー5条パラグラフ88参照。
（注5）　OECD モデル租税条約コメンタリー5条パラグラフ112参照。
（注6）　OECD モデル租税条約コメンタリー5条パラグラフ115，116参照。

I　比較可能性

佐藤：本件については，いわゆる問屋スキームによる課税逃れともいうべきものであり，当局が課税を試みた気持ちは，十分に理解できます。ただ，課税に当たり，役務提供取引の比較対象取引として，再販売取引を持ってきたことに難があったと考えられます[(注1)]。再販売取引と役務提供取引とでは，法的なストラクチャーが全く異なるだけではなく，原告代理人であった山本英幸先生の論考[(注2)]によれば，その営業利益率も，類型的に見て全く異なることが立証され，それが，高裁におけるアドビ側の勝利に結びついたようです。

　比較可能性の論点について，解説編では，事実認定の問題である，ということで，詳しく触れられていませんが，この機会に，国税庁ご出身のお立場から，木村さんのご意見をいただければと思います。

野田：比較可能性という点で，私からもコメントがあります。移転価格税制の対象となる取引が国外関連者間で行われる固有の取引であることを踏まえると，当該取引について，適切な比較対象取引や比較対象法人を見出すことは困難な問題であると考えられますが，本判決により，移転価格課税において比較可能性を確保することの困難性が決定づけられたといえます。

　また，本判決や同種の判決により，課税の現場において，移転価格税制の執行に対する抑止力が働き，今後の移転価格課税に支障をきたすことが懸念されます。この点，木村さんは，本判決を踏まえ，今後の移転価格課税のあり方についてどのような考えをお持ちですか。

木村：移転価格課税では，どこまで厳密な比較可能性を求めるかということが常に問題になると思います。世の中には異なる企業で全く同じ条件による同じ商品やサービスの取引というものはあり得ませんので，常に一定の相違が

あるということが前提となります。その中で，どこまでの範囲であれば比較可能であると認めるかという線引きをすることになります。

　その線引きを厳しくすると，ご指摘のとおり，執行不能ということになりますので，課税当局の立場からすると，ある程度緩やかな線引きをした上で，経済的な観点からの差異調整を加えるというのが合理的なアプローチではないかと思います。合理的な線引きであるかどうか，また，差異調整が合理的であるかどうかは最終的には裁判官が判断することになりますが，その説得のためには，経済的な分析が必要不可欠であり，かつ，その内容が裁判官にとってもわかりやすいものであることが重要であると思われます。

　他方で，本判決を離れた一般論として，移転価格の算定方法には複数のものがあり，また，同じ方法を用いても異なるデータや異なる調整によって結果に差が出ることになります。納税者である企業の立場からすると，利益移転の意図がないにもかかわらず，そのような手法の違いによって常に移転価格課税のリスクにさらされるとすれば，円滑な経済活動が阻害されます。適正な納税意識を有する企業としては，国家間の課税権の取り合いである移転価格税制の執行に付き合うために多大なコンプライアンスコストをかけるというのは合理的ではありません。

　そこで，課税当局としても，企業からきちんと合理的な説明がなされる場合には移転価格税制の執行は差し控えるべきであり，逆に，合理的な説明がない場合には積極的に課税をするというメリハリのある執行体制が望ましいのではないかと思われます。それと同時に，移転価格税制は常に相手国がある問題ですので，事前又は事後の相互協議による調整が効率的に機能するような体制が構築されることが期待されます。その意味で，現在，租税条約において強制的な解決手段である仲裁条項が導入される流れになっていることは歓迎すべきと思われます。

II PE課税

佐藤：解説編では，PE課税の可能性についても検討されています。仮定の議論ですが，本件で，代理人PE課税を試みたとしても，(BEPS前の)当時の代理人PEに関するルールでは，本件の日本法人は代理人PEの要件を満たさなかったと思われます。この点についてのご意見はいかがでしょうか。

木村：結論から言うと課税は難しかったと思われますが，事実認定として，日本の子会社が実質的な契約締結に至るまでの手続をすべて親会社に代わって行っており，親会社は単に形式的に契約名義人になっているだけの場合，言い換えると，親会社が包括的に契約締結を承認しており，個別の承認を特段行っていなかった場合，子会社には実質的な代理権が付与されていたものとして，代理人PEに該当する余地も完全には否定できなかったのではないかと思われます。ただ，その事実認定のハードルは相当に高いとはいえます。

III 独立性の判定

野田：解説編では，独立代理人の要件として，法的独立性や経済的独立性について言及されていますが，この点について実務的な観点から補足します。

まず，法的独立性の判断に当たっては，主として，本人と代理人との契約内容について検討がなされ，代理人が本人の指示に基づいて活動することが義務づけられているなどの活動制限規定がある場合，その独立性は否定されます。

また，経済的独立性の判断に当たっては，代理人が本人から受け取る報酬が役務提供に対応して決められるものになっていることが求められており，例えば，コストプラス方式で報酬額が決まる場合，代理人は経済的リスクを負っていないと認められ，経済的独立性は否定されます。

この点，解説編では，本人が独立した第三者である代理人との間で専属的

な契約をし，かつ，その専属性が長期間継続するような場合には，その代理人に経済的な独立性を認めることは難しい旨説示されています。ただ，そのような場合でも，代理人の報酬が役務提供に対応して決められるような報酬体系になっていれば，当該代理人の経済的独立性は担保されると考えられますが，いかがでしょうか。

木村：経済的独立性は１つの要素で決定されるのではなく，事業に係るリスクを代理人がどの程度負担するものであるか，どのように報酬が決定されるかといった要素を総合的に評価して判断されます。その中で，専属性は１つの考慮要素であり，それが決定的な要素になるわけではありませんが，専属性が長期にわたって継続するような場合には，経済的な依存性を強く示すものと考えられます。

　ただ，総合評価になりますので，代理人の報酬が成果報酬型であることに加えて，代理人が独自に開拓した顧客ベースを有していることなど，独立性を示す要素が認められれば，経済的独立性は否定されないのではないかと思われます。

IV　専属性の判定

野田：解説編では，代理人が密接関連企業である本人との間で専属的であるか否かについて，本人以外との事業が少なくとも代理人の事業全体の10％以上を占めるかという観点で判断するとされていますが，10％を占めていれば直ちに専属性は否定されるということでしょうか。

　この点，確かに，OECD モデル租税条約のコメンタリーでは，10％未満である場合，代理人は「専ら又は主として」密接関連企業に代わって行動していると見るべきであるとされていますが，逆に10％以上である場合に「専ら又は主として」の要件には該当しない，すなわち専属性が否定されるということまでは言っていないように思われます。

　実際に，「専ら又は主として」という概念は，実務上，全体の70％ないし

80％，又はそれ以上の場合を指すものと解されるほか，国内法や租税条約の文言で具体的な数値は示されていないのですから，コメンタリーで示されている10％という数値は参考程度に留めるべきであると考えます。

　したがって，実務的には，密接関連企業に対する売上が売上全体の70％程度以上を占める場合には，課税リスクが存在すると解すべきであると思われます。

木村：私も，10％というのはいわゆるセーフハーバーではなく，外部取引が10％にも満たない場合には専属性が肯定されることを述べたものであると考えています。10％以上の場合には総合的に評価して判断するということになると思われますが，実際に何％であれば専属性が否定され，あるいは肯定されるかということを数値化するのは困難です。

　ただ，「専ら」というのは90％以上を想起させますが，「主として」というのは，ご指摘のとおり，70～80％程度を指すというのが社会通念に合致すると考えられますので，専属性を判断する上では，このあたりのラインが1つの目安になるのではないかと思われます。

●────────────────────────

（注1）　詳細は，佐藤修二『租税と法の接点―租税実務におけるルール・オブ・ロー』（大蔵財務協会，2020年）110～113頁，同「裁判例から振り返る国際租税法―移転価格税制，タックス・ヘイブン対策税制を中心に」『租税研究』857号（2021年）220頁を参照。

（注2）　山本英幸「移転価格課税における比較可能性」『自由と正義』61巻2号（2010年）34頁。

第 **6** 章

不動産譲渡事件

非居住者への支払に係る源泉徴収義務の確認

　本章で取り上げる不動産譲渡事件，①東京地判平成23年
3月4日・税資261号順号11635（以下「①事件」という。）
及び②東京地判平成28年5月19日・税資266号順号12856
（以下「②事件」という。）は，日本の居住者が不動産を購
入し，非居住者である売主に代金を支払う際の源泉徴収義
務の有無が争われた事案である。

　この点，非居住者に対する支払については，それが日本
の国内で生じた所得（国内源泉所得）に該当すると認めら
れる場合，日本に課税権が生じる。しかし，所得の支払を
受けた非居住者が自主的に申告納税するとは限らず，その
課税権の行使には執行上の困難が伴う。

　そこで，非居住者に対する一定の支払については，支払
者が支払の際に一定の割合を源泉徴収して国に納付するこ
とが定められている。ところが，実際には，支払者が支払
の相手方の居住地を必ずしも正確に把握しているわけでは
なく，非居住者であると判断することが困難なことも多い。

　このようなことから，本件では，支払者が源泉徴収義務
を免れる場合がありうるのではないかという点が争われた。
なお，本件は不動産譲渡の対価に係る源泉徴収が問題と
なったが，それ以外にも非居住者に対する支払において源
泉徴収が必要となる場面は多い。そこで，本章では，より
一般に非居住者に対する支払に係る源泉徴収義務について
検討したい。

I 事案の概要

1 不動産譲渡対価に係る源泉徴収義務

　非居住者が日本の国内にある不動産を譲渡して得た対価については，国内源泉所得として申告納税義務が課せられている。もっとも，現実には，日本に居住しない者が適正に申告納税することが期待できない場合も多い。そこで，非居住者から不動産を購入して対価を支払う者は，その支払額の10％を源泉徴収することが義務づけられている。

　なお，これは総額（グロス金額）に対する源泉徴収であり，非居住者としては，実際の譲渡益（ネット金額）に適用される税率を乗じて算定される納税額が源泉徴収額を下回る場合，確定申告して還付を受けることができる。逆に，上回る場合には，納税が必要となる。

　いずれにしても，国としては，非居住者が確定申告をしなくても，支払額の10％の納税を確保することができる。これが支払者に源泉徴収義務が課せられる理由である。

2 納税者の主張

　以上のとおり，法令上，支払者に源泉徴収義務が課せられていることは争いがないが，それが一定の場合には免れると解釈すべきではないかということが納税者によって争われた。

　すなわち，①事件では，納税者は，支払者において相手方が非居住者であると認識する「期待可能性」や「予見可能性」がない場合には源泉徴収義務は生じないと解すべきであり，本件では売主が日本人であり，契約書や不動産登記簿上の住所が日本国内であったことから，その認識可能性がなかった旨の主張

をした^(注1)。

　また，②事件では，納税者は，支払者において相手方が非居住者であるか否かを確認すべき注意義務を負うところ，かかる注意義務を尽くしてもなお確認できなかった場合には源泉徴収義務は生じないと解すべきであり，本件では住民票，印鑑登録証明書，登記書類などの公的書類で住所を確認するなど，注意義務を尽くしていた旨の主張をした^(注2)。

3　裁判所の判断

　以上の納税者の主張に対して，①事件と②事件で理由は異なるものの，いずれも結論として源泉徴収義務は免れないと判断された。

　まず，①事件では，裁判所は，不動産の買主は売主の住所・居所，資力その他の事情や属性に強い関心を有するのが通常であり，売主が非居住者に該当するか否かは買主において調査確認が予定されており，それによって通常容易に判定できるとし，法令上に記載のない「期待可能性」や「予見可能性」といった要件を設けて源泉徴収義務を限定する必要はない旨を判示した。さらに，かかる買主の主観的事情によって源泉徴収義務の有無が左右されるとすれば，かえって制度としての明確性が失われる旨を判示した。

　これに対して，②事件では，裁判所は，買主が注意義務を尽くした場合には源泉徴収義務は生じないと解すべきか否かという法令解釈上の問題については実質的な判断をせず，事実認定の問題として，本件では買主が注意義務を尽くしたとは認められないことから，結論として源泉徴収義務は免れない旨を判示した。

　なお，①事件は控訴されたが，控訴審で第一審の判断が実質的に維持され，さらに最高裁は上告を受理しなかった。また，②事件も控訴されたが，控訴審で第一審の判断が実質的に維持されている。

4　検　討

　①事件では「期待可能性」や「予見可能性」が問題とされ，②事件では「注

意義務」が問題とされたが，納税者としては，要するに，一定の事情が認められる場合には源泉徴収義務が生じないと解すべき（源泉徴収義務を限定して解釈すべき）旨を主張したものである。これに対する裁判所の応答として，①事件ではこれを正面から取り上げて否定したが，②事件ではこの法令解釈上の問題については判断を避け，事実認定の問題として処理した。

そこで，①事件に係る裁判所の判断について検討すると，確かに，取引の相手方が非居住者に該当するか否かを容易に判定できる場合ももちろんあるが，後記Ⅱで述べるとおり，非居住者該当性は多分に事実認定の問題であり，実はそれほど容易ではない場合もありうる。かかる場合にまで，国の徴収の便宜のため，課税当局のように調査権限を有するものでもない私人に源泉徴収義務を負わせるのは酷ではないかと思われる。

したがって，まず，立法論として，一定の事情が認められる場合には源泉徴収義務を免除することを明文化することが検討されるべきであろう（米国では，納税者番号と非居住者ではない旨の宣誓供述書の提出があれば，買主の源泉徴収義務が免除されるとのことである。）。

次に，解釈論として，一般論としては，源泉徴収制度を採用することは国の立法裁量の範囲内であり，それに基づいて支払者に源泉徴収義務を負わせること自体は合理性があって適法であると認められる。しかしながら，源泉徴収義務は申告納税義務とは異なり，国の便宜のために本来の納税者に代わって納税するという性質を有するものであり，そのような義務を課すことが酷と認められる特段の事情がある場合，もはや制度としての合理性を欠き，源泉徴収義務が免除されると解する余地がある（その根拠として，憲法29条に基づく財産権の保障を挙げることができる）と思われる[注3]。

II　非居住者の判定

1　原則は支払者が要判定

　以上のとおり，解釈論として，一定の場合に源泉徴収義務が免除されると解する余地がありうるとしても，原則としては，支払者は自ら源泉徴収義務を負うものかどうかを判断する必要がある。その判断に当たって，支払の相手方が非居住者に該当するか否かをどのように判定すべきかについて検討したい。

2　国内法の定め

　日本の国内法上，法人の場合，国内に本店を有する法人（日本で設立され，国内の住所を本店として登記がなされた法人）が内国法人であり，それ以外の法人が外国法人，非居住者として取り扱われる（法法2三・四）。これは形式的な基準であり，商業登記などで容易に判断することが可能である。

　これに対して，個人の場合は問題である。個人の場合，①日本国内に住所を有するか，又は②日本国内に1年以上居所を有するか，という基準で判断され，いずれかの要件を満たせば居住者となり，そうでない場合に非居住者として取り扱われる（所法2①三・五）。

　ここでいう「住所」とは，生活の本拠をいうとされており，その者の所在，職業，生計を一にする配偶者その他の親族の居所，資産の所在等の客観的事実に基づいた総合的かつ実質的な判断が必要である（注4）。

　また，「居所」とは，実際に居住する場所をいうものと解されるが，これが1年以上継続しているかどうかもやはり実質的な判断が必要となりうる。

3　実務上の対応

　実質的な判断が求められる事実認定を何らの調査権限もない私人が行うには必然的に限度があるが，少なくとも相手方が海外に所在する可能性があると認

められる何らかの事情がある場合，その家族を含めた所在についての詳細のほか，職業や資産の状況などを確認した上で，日本の国内に住所や居所があるかを判断する必要がある。

　この点，たとえ住民票や登記簿のような公的書類で説明がなされても，それが実態を正しく反映したものとは限らず，ましてや契約書などの私的書類に記載された「住所」をそのまま信用することは相当でない。

　買主としては，売主が非居住者であるとの認識を欠いていたとしても，法令の定めによって源泉徴収義務が課せられている。源泉徴収が漏れていた場合，後で国から追徴されることになる。その場合，売主に求償を求めることができるが，それは現実的とは限らない。

　したがって，売主が非居住者に該当する可能性があると認められる場合，入出国の状況，各国における滞在期間，家族や資産の状況など，具体的な事実関係を確認した上で，非居住者該当性を判定し，源泉徴収の要否を慎重に判断することが必要である。

Ⅲ　源泉徴収の対象となる所得

1　国内法上の源泉徴収義務

　不動産の譲渡対価のみならず，それ以外にも非居住者に対して一定の支払をする場合，支払者は源泉徴収義務を負うことになる。そのような支払には，主に次のものが含まれる（所法212①，161①）。

＜非居住者に対する支払の際に源泉徴収が必要となる主なもの＞

①	不動産の譲渡対価	⑤	配　当
②	不動産の賃料	⑥	使用料
③	人的役務提供の対価	⑦	給　与
④	利　子	⑧	（匿名）組合利益分配金

　以上に該当する支払をする場合，支払者としては，相手方が非居住者であるかどうかを確認することが必要となる。

2　租税条約による減免

　国内法で源泉徴収が必要とされている場合でも，租税条約が適用されることで，その税率が軽減され，又は免除されることがありうる。そこで，支払者としては，相手方が非居住者である場合，その者が日本との間で租税条約を締結している国の居住者であるかどうかを確認した上で，租税条約による減免の有無についても検討する必要がある。

　租税条約による減免がある場合，支払を受ける者が税務署に租税条約の適用の届出をする必要があるが，実際には支払者を通じて届出書を提出することになる。そして，支払者は，届出書を提出した上で，適切な額の源泉徴収をすることが求められる。

　ただし，届出書を提出せずに支払者が国内法に基づく源泉徴収をしたとしても，その支払を受けた者は直接税務署に対して還付の請求をすることができるとされている。

　なお，租税条約の適用を受けることができるのは，租税条約の相手国の居住者である場合に限られるが，相手国の居住者であるかどうかは基本的には相手国の国内法に基づいて判定されることになる。支払者としては，届出書の提出に当たって，あらかじめ相手方から居住者証明書などの書類を提示するように求めることが必要である。

IV　まとめ

　非居住者に対して一定の所得の支払をする場合，相手方が非居住者であるとの認識がないとしても，法令上，支払者には源泉徴収義務が課せられている。支払者において，源泉徴収義務の有無やその適正な額の判断には困難が伴う場合も少なくないが，かかる負担は適法なものとされている。

仮に適切に源泉徴収がなされていなかった場合，国から追徴を受けるのは支払者であり，支払者としては，自己防衛手段として，支払をする際に相手方が非居住者に該当するかどうかを確認することが重要となる。非居住者に該当する可能性があると認められる場合，入出国の状況，各国における滞在期間，家族や資産の状況など，具体的な事実関係を調査することが必要である。

(注1)　①事件の評釈につき，駒宮史博「国際課税における源泉徴収の意義」別冊ジュリスト228号『租税判例百選〔第6版〕』(2016年) 134頁参照。

(注2)　②事件の評釈につき，平川英子「非居住者に不動産の譲渡対価を支払う者（源泉徴収義務者）の注意義務」『新・判例解説 Watch（法学セミナー増刊）』21号（2017年）223頁，古賀敬作「不動産譲渡対価の支払に際しての非居住者該当性の確認―住友不動産事件」別冊ジュリスト253号『租税判例百選〔第7版〕』(2021年) 144頁参照。

(注3)　日本と同様に支払者に源泉徴収義務が課せられている韓国で，支払者が注意義務を尽くしていた場合に源泉徴収義務の免除が認められた判例（韓国の最高裁判所による2013年4月11日判決）がある。

(注4)　最判平成23年2月18日・税資261号順号11619（武富士事件）など参照。

I　本判決の意義——法律家の観点から

佐藤：解説編の②事件については，増井良啓教授の評釈（注1）が有益です。増井評釈によれば，②事件の第一審判決については，源泉徴収義務者が注意義務を尽くしていた場合には源泉徴収義務が否定される，と読む理解が生じていたものの（同じく増井評釈によれば，南繁樹先生の評釈（注2）がそのような理解を示した評釈の嚆矢であるようです。），控訴審判決は，そのような可能性を否定した，という経緯のようです。

　理論に立ち入らず事実認定で決着をつけるのは，練達の裁判長がいらっしゃる高裁ならでは，とは思うものの，納税者の救済をする方向での理論がわざわざ明示的に否定された点については，残念に思います。裁判所でも，より一層，明文の規定に拘り過ぎず，納税者を救済する理論が裁判例により蓄積されていくことを期待したいところです（注3）。

木村：控訴審判決は，注意義務を尽くした場合には源泉徴収義務が否定されるべきという法解釈に関しては判断しないということを明示したものであり，当該解釈を肯定するものでも否定するものでもありませんので，その意味では，将来，源泉徴収義務者にとってより酷な事情が認められる事例においては，当該解釈が肯定される余地もあるのではないかと思われます。

　そういった納税者を救済する理論を構築して実務を変えていくのが裁判所の役割であるといったことは全く同感であり，そのためにも租税訴訟を提起して議論を喚起する立場にある納税者代理人が果たすべき役割も大きいのではないかと改めて思います。

II　源泉徴収義務免除の立法論

野田：解説編では，非居住者への支払に係る源泉徴収義務について，一定の事
　　情が認められる場合には，その義務を免除することを法制化することを検討
　　すべきである旨説示しています。この点，源泉徴収義務が免除される一定の
　　事情が主観的なものであるとすれば，非居住者に対する課税権の行使を担保
　　するという源泉徴収制度の公平性や予見可能性が著しく損なわれますので，
　　米国の制度と同様に，客観的な要件を定めるべきと考えます。

　　　また，非居住者への支払について源泉徴収義務があるものについて，居住
　　者への支払にも同様の義務を課すこととすれば，支払相手が居住者であるか
　　非居住者であるかにかかわらず一律に源泉徴収を行うことができるようにな
　　るため，本件のような問題は解消され，法的安定性を図ることができるので
　　はないかと思います。

木村：客観的な要件が必要というのは同感です。米国とは制度全体が異なるた
　　め，単純に同じ制度を導入することはできないとは思いますが，日本ではマ
　　イナンバーがありますので，それを活用することが1つの答えになりうると
　　考えています。すなわち，マイナンバーが提出された場合には源泉徴収義務
　　が免除されるということが立法化されると，本件のような問題は解消される
　　のではないかと思われます。

　　　なお，居住者への支払にも源泉徴収義務を課すというのは制度としては公
　　平かもしれませんが，源泉徴収義務者の手続的な負担に加えて，対価の一部
　　が先に納税に充てられることになりますので，経済に与える悪影響という意
　　味でも，ややバランスが悪いかもしれません。

III　源泉徴収義務免除の解釈論

野田：解説編では，源泉徴収義務を課すことが酷と認められる特段の事情があ

る場合には，制度の合理性を欠き，源泉徴収義務が免除されると解する余地
がある旨説示しています。

　しかしながら，当該制度が違憲無効であると判断されない以上，租税法律
主義の下では，課税当局としては，（加算税の場合のような）正当理由に基
づき免除することができる旨の宥恕規定がない限り，源泉徴収義務を前提に
執行する必要があるのではないでしょうか。

木村：制度そのものが合憲であっても，特定の事例に適用する限りにおいては
違憲であると判断することも可能であると考えています。もちろん，違憲判
断をするのは裁判所であって課税当局ではありませんので，現場では法律の
条文どおりに執行せざるを得ないということになろうかと思います。

　ただ，これは私見ではありますが，租税法律主義というのは行政機関によ
る恣意的な課税を抑制するものであって，逆に納税者を救済する方向で柔軟
な執行をすることを否定するものではないと考えています。実際に，通達で
は，「課税しなくても差し支えない」という表現で一定の場合に法律の条文
に反して課税しないことを認めています。

　なお，同様の議論として，租税訴訟において訴訟上の和解が可能かという
論点がありますが，これも納税者を救済する方向ですので，和解を肯定した
としても租税法律主義には必ずしも反しないといえます。このような議論を
すると，課税の公平性というものが問題にされますが，個別の事情に応じた
対応をすることが必ずしも公平性を害するとまではいえないと思われます。

IV　実務上の対応

野田：解説編では，売主が非居住者に該当する可能性があると認められる場合，
買主は，売主について，入出国の状況，各国における滞在期間，家族や資産
の状況など，具体的な事実関係を確認した上で，非居住者該当性を判定し，
源泉徴収の要否を慎重に判断することが必要である旨説示しています。

　しかしながら，入出国の状況や各国での滞在期間等については，課税当局

が入国管理局等に照会をして情報収集しているのが現状であり，この対応を一私人である買主に求めるのは現実的とはいえません。また，売主の家族や資産の状況などの個人情報を入手することも，極めて困難であると考えられます。このように，買主に対して事実確認の調査を求めることは現実的ではないと思われますが，いかがでしょうか。

木村：確かに，買主による一方的な調査を求めることは現実的ではないと思われます。買主としては，売主に対して，必要な資料や情報の提供を求めるということになります。ただ，それも現実の売買の場面でどこまで実効性があるかというと疑問です。先ほど，解釈論による救済の余地について述べましたが，それも相応の調査を実施することが前提になりますので，実際には解釈論によって救済されるケースというのも，仮にあるとしても相当に限定的であるように思います。

　やはり本件のような問題は立法的な解決を図るということが強く望まれます。

（注1）　増井良啓「判批」『税研』35巻4号（208号）「最新租税基本判例70」（2019年）175頁。
（注2）　南繁樹「判批」『ジュリスト』1498号（2016年）10頁。
（注3）　佐藤修二「租税法規の文理解釈の原則とその限界―納税者の救済という観点から―」『税研』36巻6号（216号）（2021年）24頁参照。

第 **7** 章

シルバー精工事件

使用料所得に係る源泉徴収に関する問題の整理

　本章で取り上げるシルバー精工事件（最判平成16年6月24日・税資254号順号9678）は，日本の居住者（内国法人）が米国特許権侵害をめぐる和解契約に基づいて非居住者（外国法人）に対して支払った使用料に係る源泉徴収義務の有無が争われた事案である。

　この点，国内法では，国内業務に係る特許等の使用料を非居住者に支払う場合，支払者に源泉徴収義務が課せられる。ここでは特許等の使用が国内業務に係るものであるか（その使用地がどこであるか）を基準にしており，本件でも，支払の基因となった特許権等の使用地がどこであるかが争われた。

　これに対して，租税条約では，一般に使用地を基準にするのではなく，その支払者が自国の居住者であるかを基準にする。本件では，適用される旧日米租税条約が国内法と実質的に同じ基準であり，その相違は問題とならなかったが，実際の租税条約で，使用料所得について国内法とは異なる基準や範囲で源泉地国課税を認めている場合，その関係を整理して検討することが不可欠となる。

　実務では，使用料所得に係る源泉徴収義務が問題となることが多いが，それに関連する論点は多岐にわたっており，これを正しく判断することは困難な場合がありうる。そこで，本章では，使用料所得に係る源泉徴収義務に関連する問題を整理して検討することにしたい。

I　事案の概要

1　問題の所在

　国内法上，国内において業務を行う者から支払がなされる次に掲げる知的財産等の使用料又は対価（使用料所得）であって，当該業務に係るものは国内源泉所得として源泉徴収の対象となる（所法212①，161①十一）。

---

① 　工業所有権等の使用料
② 　工業所有権等の譲渡の対価
③ 　著作権の使用料
④ 　著作権の譲渡の対価
⑤ 　機械，装置等の使用料

　特徴的なのは，租税条約上は一般に「譲渡収益」として取り扱われる工業所有権等及び著作権の譲渡の対価，また，「事業所得」として取り扱われる機械，装置等の動産の賃料がいずれも使用料所得に含まれることである。

　さらに，「工業所有権等」とは，特許権，実用新案権，商標権，意匠権等の工業所有権その他の技術に関する権利，特別の技術による生産方式若しくはこれらに準ずるものをいい，産業上の無形資産たる知識・情報（ノウハウ）がこれに含まれると解されている。しかし，これに営業秘密，販売戦略，顧客名簿，販売網，営業データといった商業上のノウハウに相当するものが含まれるか否かは明確ではない（これらの問題については，Ⅱ及びⅢ参照）。

　いずれにしても，使用料所得が日本の国内業務に係る場合に国内源泉所得に該当することになる。この点，異説はあるものの，「国内業務に係る」とは，使用料所得の支払の基因となった知的財産権等を使用する場所が日本の国内で

あることをいうと解するのが通説とされる（これを「使用地主義」という。）。

　本件は，内国法人が日本の国内で製造した製品を米国の国内で（子会社を通じて）販売する事業活動が米国特許権を侵害するとして紛争となった事案である[注1]。その解決のために和解契約に基づく使用料の支払がなされたが，製造・販売の事業活動が両国をまたぐものであったことから，その支払の基因となった権利の使用地がどこであるかという点が争われた。

2　裁判所の判断

　裁判所（最高裁）は，本件の使用料の支払の基因となったのは米国特許権であり，製品を米国内で販売するに当たって，その実施料として支払われたものであることから，その使用地は米国であると判断した。

　この点，本件の使用料は日本での製造を含めた実施権の許諾であることから，日本にも源泉があると解する余地もあるが，製造はあくまでも手段であってその目的は販売であり，販売の場所における実施許諾こそが本質的な対価であると考えれば，最高裁の判断は妥当といえる。

　もっとも，本件では和解契約に基づく「使用料」の支払がなされたが，名目が使用料でなくても実質が使用料であれば使用料所得に該当し，逆に，名目が使用料であっても実質が使用料でなければ使用料所得には該当しないと解される（所基通161－46参照）。そこで，事実認定の問題として，仮に本件の使用料の支払の実質が実施料ではなく，単なる紛争解決金としての性質を有するものであるとすれば，使用料所得には該当せず，一般の事業所得として日本の国内源泉所得にはならないと解される。

3　国内法と租税条約が異なる場合

　国内法では，上記のとおり，使用地主義が採用されており，その支払の基因となった権利を使用する場所が自国の国内である場合に，使用料所得が国内源泉所得に該当するものとしている。これに対して，使用料所得についての源泉地国課税を認める租税条約では，その支払をする債務者が自国の居住者である

場合に，その国の国内源泉所得として課税することが認められる^(注2)（これを「債務者主義」ないし「支払者基準」という。）。

　このように，国内法と租税条約で異なる基準（源泉規定）で国内源泉所得該当性が認められる場合，日本の国内法では，租税条約が優先することが定められている（これを「源泉置換規定」^(注3)という。所法162①）。そこで，債務者主義を採用する租税条約が適用される場合，使用料の支払の基因となった権利の使用地にかかわらず，その支払者が日本の居住者であるときに国内源泉所得に該当することになる。

　この源泉置換規定により，国内法上の源泉規定では国内源泉所得とはならない国外業務に係る使用料所得が国内源泉所得に該当するケースやその逆のケースが生じる場合がありうる。このことから，使用料所得に係る源泉徴収義務の有無を判断するに当たっては，適用される租税条約にも留意する必要がある。

II　使用料所得と他の所得との区分

1　人的役務提供の対価との区分

　知的財産の提供は，人的役務の提供と結合することが多く，その区分は重要である。

　まず，知的財産の提供の要素が含まれるとしても，それが人的役務としてなされ，知的財産そのものの移転を伴わない場合（例えば，一定の技術やノウハウを使用した役務提供がなされるが，当該技術やノウハウそのものが移転されるわけではない場合）は，当該対価の実質は人的役務提供の対価であり，使用料所得には該当しないと考えられる。

　次に，新たなプログラムの開発や著作物の翻訳など，著作物の制作・開発の業務を委託する場合，業務委託料は外形的には人的役務の提供の対価であるが，その成果物である著作物に係る権利が委託者に帰属するときには，実質的には著作物に係る権利譲渡の対価であるとも考えられる。

　この点，法的な権利関係を見れば，著作物の制作・開発がなされる場合，受託者が創意工夫して生じた著作物に係る権利は原始的には受託者に帰属するのであり，これが契約によって委託者に移転する。しかし，受託者が制作・開発を事業として行っている場合，権利の移転はあくまでも契約に伴う付随的なものであり，その本質は人的役務の提供であると考えられる。このように考えれば，業務委託料は権利譲渡の対価ではなく，人的役務の提供の対価であり，使用料所得には該当しないというべきである。

　なお，租税条約では，人的役務の提供の対価は事業所得に該当する。また，仮に権利譲渡の対価と認められ，国内法上は使用料所得に該当するとしても，租税条約上は譲渡収益に区分されうる。その場合，一般に源泉地国の課税権は認められず，国内法上は源泉徴収の対象になるとしても，租税条約の適用によって源泉徴収義務は免れることになる。

2　事業所得・譲渡収益との区分

　著作物（が組み込まれた商品やサービス）の提供の対価については，事実関係によってさまざまな所得に区分されうる。例えば，プログラムが組み込まれたソフトウエアの電子記憶媒体又はオンラインダウンロードによる提供の対価については，そのプログラムの使用態様によって所得区分が異なると考えられる。

　まず，契約上，ソフトウエアとともにプログラムに係る権利そのものが移転する場合，その対価は権利譲渡の対価であり，使用料所得に該当する。もっとも，前記と同様，租税条約上は譲渡収益に該当することが多い。

　次に，提供されたソフトウエアの使用に当たって，必然的にプログラムの使用がなされることから，権利の移転がないとされる場合，その使用態様が問題となる。この点，ソフトウエアに組み込まれたプログラムを基礎として別のプログラムを開発して使用したり販売したりすることを目的として提供される場合，その対価はまさにプログラムの使用許諾の対価であり，使用料所得に該当すると考えられる。

　これに対して，ソフトウエアの提供が一般の事業者・消費者に対する製品の販売としてなされる場合，プログラムの使用態様は限定的であり，ソフトウエアを使用するに当たっての付随的な使用にすぎない。このような場合，その対価は使用料所得ではなく事業所得に該当すると考えられる（**図表**参照）。

【図表】著作物の提供の対価に係る所得区分

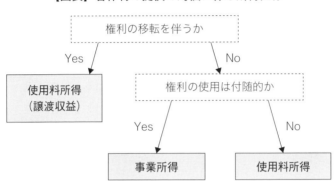

　なお，ここでも，国内法と租税条約では所得区分が異なる可能性があり，その検討が必要である。国内法では使用料所得として源泉徴収が認められる場合でも，租税条約では事業所得や譲渡収益に該当して源泉地国課税が認められないとすれば，源泉徴収義務は免れる。

　この点，前記のとおり，機械，装置等の動産の賃料については，国内法上は使用料所得に含まれるとされているが，租税条約ではこれらは事業所得として取り扱われることが多く，留意が必要である。

III　商業上のノウハウの取扱い

1　国内法における取扱い

　国内法上，工業所有権その他の技術に関する権利，特別の技術による生産方

式若しくは「これらに準ずるもの」の使用の対価が使用料に該当するとされているが，商業上のノウハウの使用の対価が「これらに準ずるもの」として使用料に該当するかは明確ではない。この点，OECD モデル租税条約では，産業上，商業上若しくは学術上の経験に関する情報の対価が使用料に該当することが明確にされている（12条2項）ことと対照的である。

　経済的な実質からすれば，商業上のノウハウも産業上のノウハウと同様に取り扱われるべきとも思われる。しかしながら，「その他の技術に関する権利，特別の技術による生産方式若しくはこれらに準ずるもの」とは，権利登録はされないものの工業所有権と同様の性質を有するもの（技術的価値を有するもの）を指すと考えられる（所基通161−34参照）のであり，技術的価値を伴わず，営業的価値のみを有する商業上のノウハウがこれに含まれるとするのは文理解釈を超えるものと思われる[注4]。

2　非居住者に使用の対価を支払う場合

　それでは，非居住者（ただし，日本の国内に恒久的施設（PE）は有しない）に支払う商業上のノウハウの使用の対価について，国内法上は使用料に含まれないものの，租税条約上は使用料に含まれ，かつ，10％の限度税率で日本の課税権が認められる場合，源泉徴収義務はどうなるか。

　これについては，国内法上，使用料所得に該当しないのであれば，一般の事業所得として源泉徴収の対象とはならず，また，国内の PE に帰属しなければ日本での課税は認められないことになる。

　なお，この点，租税条約上は日本の課税権が認められているが，そもそも租税条約は，締約国の課税権を制限するものであってその課税権を創設するものではない。使用料について国内法と租税条約で異なる定義規定となっているが，そのような場合に源泉置換規定のように租税条約が優先することを定めた規定も存しない。

　したがって，結論として，日本の課税権は認められず，いずれにしても源泉徴収義務は課せられないことになると解される。

IV　まとめ

　源泉徴収義務を誤った場合，支払をした源泉徴収義務者に追徴がなされることになる。ところが，使用料所得については，以上で見たようにさまざまな解釈上の論点があるほか，租税条約が適用される場合は，その適用関係も踏まえ源泉徴収義務を適切に判断する必要がある。

●───────────────

（注1）　川端康之「判批」『民商法雑誌』132巻1号（2005年）71頁，浅妻章如「知的財産権等の使用料の源泉地」ジュリスト臨時増刊1291号『平成16年度重要判例解説』（2005年）274頁，宮崎裕子「外国法人に対する使用料と源泉地―シルバー精工事件」別冊ジュリスト228号『租税判例百選〔第6版〕』（2016年）132頁，藤原健太郎「外国法人に対する使用料と源泉地―シルバー精工事件」別冊ジュリスト253号『租税判例百選〔第7版〕』（2021年）140頁参照。
（注2）　例えば，日豪租税条約12条5項参照。
（注3）　源泉置換規定については，木村浩之「源泉置換規定についての一考察」『税法学』579号（2018年）87頁以下参照。
（注4）　木村昌代「国内源泉所得のあり方について」『税大論叢』63号（2009年）414頁参照。

I 特許の使用地

野田：解説編では，「国内業務に係る」とは，使用料所得の支払の基因となった知的財産権等を使用する場所が日本国内であると解するのが通説とされています。私も，この使用地主義の考えは所得税基本通達161−33に定められており，同通達に則して課税実務が行われていることから，この解釈に争いはないと考えています。

　その上で，解説編では，最高裁における使用地に係る判断について，製造はあくまでも手段であってその目的は販売であり，販売場所における実施許諾こそが本質的な対価であることから，その判断は妥当である旨説示されています。確かに，米国特許権の使用許諾に係る最終目的に着目すれば，その使用地は販売場所であるという考え方にも一理あります。しかしながら，当該特許権の使用を通じて新たな価値がどこで増殖されたかという価値増殖地に着目した場合，その使用地は製造場所であると考えたほうが合理的ではないでしょうか。

　つまり，当該特許権の使用許諾の必要性に着目した場合，その使用許諾がなければ対象製品を製造することはできないのであり，当該特許権は対象製品の製造のために必要不可欠なものであることが明らかであることから，その特許権の有する価値により，対象製品の価値が増殖し製品化されたと考えることができます。これを踏まえ，当該特許権の使用地は，対象製品の製造地である日本国内であると考えることにも，合理性があると考えられます。

木村：前提として，特許については，製造から販売に至るまでの各過程において独立した実施行為があると見られます。そこで，本件のように日本国内で製造し，米国内で販売する場合，各国の国内で独立した実施行為があると評価されます。そうすると，その対価として支払われた使用料については，理

論上は，日本国内の製造に対する使用料と米国内の販売に対する使用料に分けることができると思われます。

　もっとも，同じ事業者が製造から販売までを一貫して実施する場合には，通常，これらを区別せずに一括して使用料を設定しますので，現実的には，分けることは困難といえます。ただ，それでも，仮に異なる事業者が製造と販売を実施した場合に，各実施行為について対価を認定することは不可能ではなく，それに応じて実際に支払われた使用料を按分計算して一部を国内源泉所得，一部を国外源泉所得と認定する余地はありえたのではないかと思われます。

佐藤：その点，解説編でも引用されている宮崎裕子元最高裁判事の評釈では，本件には，知的財産法と租税法にまたがる重要な法律上の論点がいくつもあるが，最高裁判決では，それらの点への配慮は見られなかった，と指摘されています。この事件の頃には，知的財産高等裁判所が存在しなかったと思いますが，現在では，知財高裁がこの種の事件を審理することがあれば，より充実した判断が期待できるかもしれません。租税事件を知財高裁が審理することは，制度上可能で，実例もあります（知財高判平成22年5月25日・税資260号順号11443）。

II　使用料のソースルール

野田：使用料のソースルールについて，国内法では使用地主義が採用されていますが，その場合，使用地を正確に判断することが困難なケースも少なくないため，法的安定性を欠き，源泉徴収制度になじまないこともあります。そうすると，法的安定性を確保するため，国内法においても，OECDモデル租税条約に則して債務者主義とすべきであると考えられます。

　しかしながら，使用料のソースルールを改正するような動きは見られず，債務者主義への改正は現状において実現が難しいように感じられます。国内法が使用地主義を採用するのは，どのような理由が考えられるでしょうか。

佐藤：ご指摘のとおり，使用地主義の下では，どこが使用地であったかということが事実認定の問題であるために，その判断が難しく，法的安定性に欠ける（実際に，本件でも，一審から上告審まで，事実認定が種々争われた）というのは，宮崎評釈にも書かれており，私もそのとおりだなと思います。野田さんの言われるように，国内法を条約の例にあわせて債務者主義へ転換することもあってよいと思われる中で，そのようにならないのはなぜなのだろうかと思いました。

木村：日本に本格的なソースルールが導入された際に，米国の影響を強く受けましたので，使用料については米国で使用地主義が採用されていたことが理由として大きいと考えています。なお，米国では，今でも使用地主義が採用されています。他方で，事業所得については，米国が今でも独自のルールを採用しているのに対して，日本では近年のOECDでの議論を踏まえて，OECDモデル租税条約のスタンダードを踏まえて国内法を改正しています。

　このように，OECDの議論を踏まえて国内法を改正するということはありますが，使用料のソースルールについてはOECDでは特に議論されておらず，なかなか改正には至らないというのが実情かもしれません。

III　人的役務提供の対価との区分

野田：解説編では，著作物に係る権利は原始的には受託者に帰属するのであり，これが契約によって委託者に移転することを認めつつ，受託者が制作・開発を事業として行っている場合，権利の移転はあくまでも契約に伴う付随的なものであり，その本質は人的役務の提供であるとされています。

　しかしながら，契約の内容によっては，その本質が必ずしも人的役務の提供であるとはいえず，むしろ，主として著作権の移転があり，その移転に付随して役務提供が行われていると見る考え方もあるのではないでしょうか。

木村：その点はご指摘のとおりであり，著作物の制作・開発における受託者側の創意工夫の要素が大きい場合には，著作権の移転が主になると思います。

線引きが難しいですが，個別具体的に役務提供の態様や著作物の性質・内容を踏まえて，どの程度の創意工夫が求められており，いずれが主でいずれが従であるかを実質的に判断せざるを得ないと思われます。

　ただ，現在の実務では，著作権の移転の要素があると直ちに使用料であると見られる傾向があるように思われますので，そうではなく，人的役務提供の対価に当たる場合もあるのではないかというのが私の問題意識です。

第 **8** 章

レポ取引事件

非居住者の利子所得に係る課税関係の整理

　　本章で取り上げるレポ取引事件（東京高判平成20年3月12日・税資258号順号10915）は，日本の内国法人が外国法人との間で外国債の売買及び再売買取引（いわゆるレポ取引）を行い，取引開始時に売買代金として受領した金額と一定期間経過後の取引終了時に再売買代金として支払った金額の差額（レポ差額）が源泉徴収の対象になるか否かが争われた事案である。

　　利子所得をめぐっては，源泉徴収の対象になるかを検討することが重要といえるが，その取扱いは国内法と租税条約で異なることも多く，租税条約を含めて課税関係を整理しておくことが重要である。

　　そこで，本章では，上記事件を取り上げるとともに，非居住者の利子所得に係る課税関係を整理して検討することにしたい。

I 事案の概要

銀行業務，信託業務等を営む日本の内国法人であるX社は，外国法人との間で，その保有する外国債について複数回にわたってレポ取引を行い，当該外国法人は各取引終了時にレポ差額を得た。

この点，国内法上，外国法人（非居住者）が内国法人から受領した貸付金及びこれに準ずるものの利子については源泉徴収の対象となる旨が定められているが，何が「貸付金に準ずるもの」に該当するかは必ずしも明らかではない。本件では，上記レポ差額が貸付金に準ずるものの利子といえるかが問題となった[注]。

なお，現行法では，法改正により，レポ差額がここでの利子に含まれることが明文化されている（所法161①十参照）が，当時はそのような明文規定が存在しなかった。

課税庁は，レポ取引は「売買」と「再売買」という法形式ではあるものの，その経済的な実質は債券を担保に一定期間資金を融通するものであり，レポ差額はそのような金融取引の対価に相当するものであって「貸付金に準ずるものの利子」に該当する旨を主張した。

これに対して，X社は，私法上，レポ取引はあくまでも「売買」と「再売買」であり，これを経済的な観点から金銭の貸借取引であるとみなすのは租税法律主義に反するものであって許されない旨を主張した。

1 裁判所の判断

裁判所（東京高裁）は，「貸付金に準ずるものの利子」というのは，その性質，内容等が消費貸借契約に基づく貸付債権とおおむね同様ないし類似する債権の利子をいうとの判断を示し，法形式を全く考慮せずに経済的効果のみに着

目して判断することはできないとして課税庁の主張を斥けた。そして，レポ差額が生じる基因となるレポ取引終了時における再売買代金債権は消費貸借契約に基づく貸付債権とその性質，内容等がおおむね同様ないし類似するとはいえないとし，結論としてレポ差額は「貸付金に準ずるものの利子」には該当しない旨を判示した。

　若干の検討をすると，租税法律主義の観点からは，あくまでも法的な観点から文言を解釈すべきであり，「貸付金に準ずる」とは，金銭消費貸借契約以外の原因によって生じた債権であって金銭消費貸借契約に基づく貸金債権と法的性質が類似するもの（典型的には準消費貸借契約に基づく債権）をいい，その「利子」とは，そのような債権を元本として，これに付随して生じる利息債権をいうと考えられる。

　この点，レポ取引に基づく再売買代金債権は消費貸借契約に基づく貸金債権とは法的性質が異質であるのみならず，それによって生じるレポ差額はあくまでも当初の売買代金と再売買代金の差額（譲渡益）であって，元本債権に付随して生じる利息債権ではない。

　したがって，レポ差額が貸付金に準ずるものの利子には該当しないとした裁判所の判断は正当であり，このことは，レポ差額と同様に経済的な実質としては一定期間の資金提供の対価に相当する割引債の償還差益が利子に該当せずに譲渡所得に該当するものとして取り扱われていること（措法41の12の2参照）と整合する。

2　租税条約上の取扱い

　以上はレポ差額についての国内法上の取扱いであるが，租税条約上の取扱いについても検討しておきたい。OECDモデル租税条約における利子所得の定義は広く，あらゆる種類の信用に係る債権から生じるもの（一定期間資金を利用させることの対価）が利子所得に該当するとされており，しかも，債券の割増金（プレミアム）が利子所得に含まれることが明示されている（11条3項）。

　このことから，租税条約では，前述の割引債の償還差益のみならず，レポ差

額も利子所得に該当しうるものと解される。もっとも，租税条約上で利子所得に該当するとしても，国内法上で利子所得に該当しない場合には源泉徴収の対象にはならない。このように国内法と租税条約で取扱いが異なる場合の課税関係については，以下でさらに詳しく検討する。

II　利子所得に係る課税関係

1　国内法上の課税関係

　国内法上，非居住者に対して支払う利子については，源泉徴収（所法212①）の対象である利子所得に該当する場合とそうではない場合がある。すなわち，①債券や預貯金から生じる利子（所法161①八）と②事業者に対する貸付金の利子（所法161①十）はともに利子所得として源泉徴収の対象になる（①については15%，②については20%の税率）。

　また，③割引債の償還差益については，利子所得としては取り扱われないものの，15%の税率による源泉徴収の対象とされている（措法41の12の2）。

　これに対して，④非事業者に対する貸付金の利子（所法161①二）については，源泉徴収の対象とはならず，申告納税による課税の対象とされている。

2　租税条約が適用される場合

　前述のとおり，租税条約上の利子所得の定義は広く，①ないし④のいずれも利子所得に該当することが多い。そして，租税条約では，利子所得については限度税率（又は源泉地国における免税）が定められていることが通常であり，租税条約が適用される場合には①ないし③の源泉徴収税率は限度税率にまで軽減される。

　源泉徴収の場合は租税条約の適用関係は比較的わかりやすいが，④の申告納税の場合の適用関係はやや複雑となる。すなわち，申告納税の場合，ネット所得に対して算出された税額が受領した利子の総額に限度税率を乗じた金額にま

で減額されることになる。

　例えば，外国法人が非事業者である日本の居住者から100の利子を受領し，これに関連する費用が30あるとすれば，その所得金額は70となる。これに適用される法人税率が30％であるとすれば，その税額は21となる。ここで適用される租税条約上の限度税率が10％であるとすれば，受け取った利子の総額である100に10％を乗じた金額である10にまで税額が減額されることになる。

3　割引債の償還差益が利子所得に該当しない場合

　③の割引債の償還差益に関して，一部の租税条約では，債券の割増金（プレミアム）が利子所得に含まれることを明示する表現をあえて除外しているものがある（例えば，日本とフィンランドとの間の租税条約）。そのような租税条約においては，割引債の償還差益は利子所得には該当しないと解することになると考えられる。

　割引債の償還差益が利子所得には該当しない場合，事業所得，譲渡収益，その他所得のいずれかに該当することになる。したがって，多くの場合には，その所得が国内の恒久的施設（PE）に帰属しない限り，日本では課税が認められないことになる。

4　貸付金が国外業務に係るものである場合

　②の事業者に対する貸付金の利子に関して，国内法では，当該貸付金が日本の国内業務に係るものである場合に国内源泉所得に該当するという使用地基準がとられる。これに対して，租税条約では，利子の支払をする者の居住地を基準にいずれの国で利子が生じたかを判断する支払者基準がとられることが一般である。

　このように国内法と租税条約でソースルールが異なる場合，源泉置換規定（所法162①）が適用される。そこで，国内法上のソースルールでは国内源泉所得に該当せずに源泉徴収の対象にならない利子所得が租税条約のソースルールによって国内源泉所得となり，源泉徴収の対象となることがありうる。

例えば，外国法人が事業者である日本の居住者に貸付けをするが，その貸付金が日本の国外業務に用いられるものである場合，当該貸付金の利子は国内業務に係るものではなく，国内法では国内源泉所得には該当しない。ここで適用される租税条約上のソースルールが支払者基準であるとすれば，当該利子は日本の居住者が支払をするものであることから日本の国内源泉所得となり，源泉徴収の対象となる（ただし，その税率は租税条約上の限度税率にまで軽減されることになる。）。

Ⅲ　利子所得と他の所得との区分

1　配当所得との区分

利子所得については，他の所得との区分が問題となりうる。特に，資金調達の手法によっては配当と利子の境界が必ずしも明確でない場合があり，株式の中でも社債に近い性質を有するもの，逆に社債の中でも株式に近い性質を有するものがありうるが，それらから生じる所得が配当と利子のいずれに該当するかによって課税関係が異なるため，どのように区分するかを検討する必要がある。

この点，国内法では，利子と配当は法形式によって区分され，債権から生じるものは利子であり，株式や出資持分から生じるものは配当として取り扱われる。したがって，その境界は割と明確であるといえる。

これに対して，租税条約では，その区分にはより実質的な要素も含まれる。OECDモデル租税条約における配当の定義（10条3項）によると，まず，株式や出資持分から生じる所得については，日本の国内法と同様に配当として取り扱われる。そこで，例えば，優先して定率配当がなされ，かつ，一定の時期に償還されるかなり社債に類似した優先株式であっても，そこから生じる所得は配当となる。

次に，信用に係る債権から生じる所得については，前述のとおり広く利子所

得に該当することになる。もっとも，法的には債権であったとしても，それが実質的に資本参加であって企業リスクを負担する場合（典型的には，一般債権者に劣後し，利率が利益に応じて変動する社債であって，償還期限が無期限とされているような場合）には，そのような債権から生じる所得は配当所得となりうる。すなわち，当該所得についての源泉地国における課税上の取扱いが配当と同様である場合には，租税条約上も配当所得として取り扱われることになる。

　日本では，債権から生じる所得については，たとえそれが実質的に資本参加であったとしても課税上で配当と同様に取り扱われることは考えにくいが，各国の国内法によっては配当として取り扱われることがありうる。そのような場合には，国内法の取扱いにあわせて租税条約上の所得区分がなされることになる。

2　事業所得との区分

　ある所得が利子所得であると同時に事業所得にも該当する場合，利子所得条項が優先的に適用される。そこで，事業所得との区分を検討する上では，まずは利子所得に該当するかを検討することになる。

　この点，OECDモデル租税条約コメンタリーでは，例えば，売買に伴って支払われるもののうち，分割手数料のように売買代金に付加して支払われるものについては利子所得に該当するとされている（11条パラ7.8）。なお，これに対して，遅延損害金については租税条約の本文で利子所得の範囲から明示的に除かれていることが一般である。

　また，利子所得に該当するためには元本となるべき債権が存することが必要であり，元本債権が存しない金融派生商品（デリバティブ）から生じる利益については，利子所得には該当しない（11条パラ21.1）。そのほか，一般的な債権譲渡から譲渡益が生じたとしても，それは利子所得には該当しない（11条パラ20）。

IV まとめ

　利子やそれに類似する支払については，さまざまな性質・内容のものがあり，利子所得該当性をめぐっては，法形式に着目した区分と経済的な実質に着目した区分がありうる。その判断に当たっては，国内法のほか，実際に適用される租税条約の規定を踏まえて，個別の取引ごとに利子所得該当性を検討する必要がある。

　また，国内法と租税条約では取扱いが異なる場面も多く，最終的な課税関係を判断する上では，国内法上の取扱いが租税条約によってどのように修正されるかを検討する必要がある（**図表**参照）。

【図表】利子所得に係る源泉徴収義務

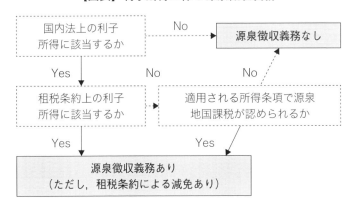

（注）　事案の概要につき，吉村政穂「レポ取引のレポ差額について所税161条6号の「利子」該当性を否定した事例」『税研』24巻2号（141号）（2008年）95頁，弘中聡浩＝伊藤剛志「源泉徴収課税を巡る国際租税法上の問題点—レポ取引に関する納税者勝訴の事例を素材として—」『租税研究』724号（2010年）194頁参照。

I　本判決の意義──法律家の観点から

佐藤：本件の高裁判決で興味深いことの1つは，レポ差額を納税者が利子とし
　て会計処理していたことは，これを法的に利子と見ることには直結しない，
　としている点です。法人税法22条4項からして，税務における所得計算が原
　則として会計処理に依拠するのは当然のことですが，それはあくまで「計算
　のやり方」の話にとどまり，ある取引を会計上どう処理するか，ということ
　は，その取引の私法上の性質を決定するものではない（利子と仕訳したから
　利子になる，ということではない）というのが法律家らしい考え方であると
　思います。

　　往々にして，税務の世界では，簿記・会計（のみ）から発想する傾向が根
　強い中で，本判決の存在は，法律家として租税に携わる人間にとっては心強
　いところです。

木村：会計処理によって私法上の性質が決定されるものではないというのは全
　く同感です。課税要件の充足の有無はあくまでも私法上の権利関係に即して
　客観的に判断されるべきであり，会計処理という事後的・人為的なものに
　よって私法上の権利関係が変動するものでないことは明らかといえます。そ
　して，本判決は経済的な実質ではなく，あくまでも法的な観点から私法上の
　性質を判断しており，租税法律主義に則った意義のある判決であると思いま
　す。

野田：他方で，本判決を受けて，国側では，税制改正によってレポ差額を利子
　に含めることが明文で定められました。また，租税回避が問題となるような
　ケースでは，判決を契機に租税回避を防止するための税制改正がなされるこ
　とも多く見られます。この点について，木村さんはどのようにお考えですか。

木村：訴訟で国が負けた場合，あるいは負けはしなくても税制上の問題点が明

らかになった場合，税制改正によって立法的な手当がなされることは珍しくありませんが，そのこと自体は立法政策上の判断であって問題はなく，むしろ明文化することで法的安定性が向上するというよい側面があると思われます。

　ただ，課税の現場では，租税回避が疑われるような事案で無理筋の課税をした上で，敗訴判決を契機に税制改正につなげるといった思考があるようにも見受けられます。これは邪道であり，やはり立法権を有する国側としては，租税回避が問題となるような事案がある場合には，個別の課税処分でチャレンジするのではなく，きちんと立法的な解決を図るというのが正道ではないかと思われます。

II　所得区分と源泉置換規定

野田：解説編によると，国内法上で利子所得に該当せず，租税条約上で利子所得に該当する場合，国内法に課税根拠がなく，租税条約は新たな課税根拠になり得ないことから，源泉徴収の対象になることはないと解されます。

　この点，源泉置換規定は，所得区分にも適用されるという見解があり，これによると租税条約上の所得区分に置き換えて国内法を適用するため，租税条約上の所得区分に応じた課税関係が発生することになります。この見解について，木村さんはどのようにお考えですか。

木村：源泉置換規定は国内法上の所得区分に影響しないと考えています。所得区分にも適用されるという解釈は文理上も困難ですが，実際の適用を考えても，国内法上の所得区分と租税条約上の所得区分は1対1で対応しているわけではありませんので，具体的にどのように置き換えられるのか不明と言わざるを得ません。

Ⅲ 源泉置換規定とプリザベーションの原則

野田：事業者に対する貸付金の利子に関して，国内法では使用地主義，OECD
モデル租税条約では債務者主義が採用されています。このように国内法と租
税条約でソースルールが異なる場合，源泉置換規定が適用されますが，同規
定の適用により新たに課税関係が生ずるとき，プリザベーションの原則に抵
触することはありませんか。

木村：その点の詳細については，拙稿^(注)を参照いただければと思いますが，
結論として，抵触はしないと見るのが多数の考え方です。ただ，日米租税条
約のように，実際の租税条約に明文でプリザベーション条項が定められてい
る場合，その解釈によっては，抵触すると考える余地はあるのではないかと
考えています。

●────────────────────

（注）　木村浩之「源泉置換規定についての一考察」『税法学』579号（2018年）87頁。

第 **9** 章

寄附金課税事件

移転価格課税と寄附金課税との関係

　本章で取り上げる寄附金課税事件（東京高判平成22年3月25日・税資260号順号11405）は，内国法人が国外関連者に金銭を貸し付けたことが寄附金に該当するとして，その後の債権放棄による損失について損金算入が否定された事案である。

　国内法上，内国法人が支出した寄附金は一定の範囲で損金算入が制限される（法法37）が，国外関連者に対する寄附金の場合，その全額が損金不算入となる（措法66の4③）。

　他方で，国外関連者との取引については，その対価が独立企業間価格と乖離する場合には移転価格税制（措法66の4①）が適用されることになるが，これと上記の寄附金課税の関係が問題になることが多い。

　そこで，本章では，上記事件を取り上げるとともに，移転価格課税と寄附金課税との関係について整理して検討することにしたい。

I　事案の概要

　日本の内国法人であるＸ社は，国外関連者であるＡ社がＦ１事業の資金に充てるために金融機関から多額の借入れ（約230億円）をするに当たって，その債務保証を行い，保有株式を担保として差し入れた（担保提供）。その後，担保提供した株式の価値の下落等を契機として，Ｘ社は，株式の売却や他の金融機関からの借入れによって資金を捻出し，その資金の中から約230億円をＡ社に貸し付けた（資金提供）。Ａ社はこれを原資として借入金を返済した。

　その後，Ｘ社は，Ａ社が大幅な債務超過の状態であり，上記貸金の回収ができないことが明らかになったとして，上記貸金に係る債権を放棄した（債権放棄）。これにより，Ｘ社は多額の損失を計上した。

　本件では，Ｘ社がＡ社に金銭を貸し付け，債権放棄をしたことが無償による経済的利益の供与として，寄附金に該当するか否かが争われた^(注1)。

1　当事者の主張

　Ｘ社は，①担保提供の時点では，担保が実行され，Ａ社に対する求償権の行使が不能となる危険が客観的に予測されていなかった，②資金提供は担保提供の代替措置であってやむを得ないものであった，③債権放棄の時点では回収の可能性がなかったとして，これらは任意に経済的利益の供与を行ったものではなく，寄附金には該当しないとの主張をした。

　これに対して，課税庁は，本件のＦ１事業はそもそも経済的に合理的な事業とはいえず，担保提供の時点で将来事業が失敗してＸ社がＡ社の債務を肩代わりする事態に至ることを想定していたこと，そして資金提供の時点では弁済を受けることを予定せずに資金提供を行ったものであることから，本件の資金提供は経済的な合理性を欠くものとして寄附金に該当し，債権放棄に係る金額

を損金の額に算入することはできないとの主張をした。

2 裁判所の判断

　裁判所（東京高裁）は，基本的に課税庁の主張を認め，資金提供に係る金銭は損金の額に算入できない寄附金に該当する旨を判示した。

　若干の検討をすると，本件では，担保提供・資金提供・債権放棄が相互に関連する一連の取引としてなされ，そのいずれが寄附金該当性の判断対象となる行為かがまず前提として争われた。これについては，損金算入が制限されるのは条文上で「支出した」寄附金とされており，支出行為たる資金提供が寄附金に該当するか否かを検討すればよいと思われる。

　その上で，資金提供が寄附金に該当するのであれば，その後，債権放棄の時点で客観的に回収不能が明らかであったとしても，その損金は資金提供時にすでに生じていたものであり，改めて債権放棄時に損金として計上することはできないと考えられる。

　本件では，担保提供から債権放棄に至るまでの一連の事情を考慮すれば，担保提供の時点で将来生じうる貸倒れのリスクを甘受するとの実質的な贈与の意図があり，資金提供はそのような意図が実現したものと見れば，寄附金に該当すると認めることは可能と思われる。ここで重要なのは，担保提供の時点で実質的な贈与の意図が客観的に看取できるかどうかであり，これは多分に事実認定の問題であるといえる。

II　移転価格課税と寄附金課税

1　問題の所在

　本件は国外関連者に対する寄附金課税の事案であったが，より一般に国外関連者との間でなされる取引については，その対価をめぐって移転価格課税と寄附金課税のいずれの適用要件も満たしうる場合がある。例えば，日本の親会社

が海外の子会社に製品を販売するとして，その対価が著しく低い場合，移転価格課税の対象となりうる。他方で，時価との差額について実質的に贈与するものと認められる場合，寄附金課税の対象ともなりうる。

　この点，実務では，実質的な贈与と認められる場合には，寄附金課税がなされることも多いといえるが，理論上は，移転価格税制は，国外関連者との間の取引価格を独立企業間価格であると「みなす」規定（事実を擬制する規定）である。そのようにして擬制された取引価格が，なお時価と乖離して実質的な贈与があったと認められる場合に寄附金課税の対象となりうるが，実際にそのような場面は想定しがたい。

　このように考えると，国外関連者に対する寄附金課税が問題となるのは，みなし規定が適用されない場合，すなわち，本件のような資金提供（金銭の贈与）や債権放棄（債務免除）がなされた場合など，独立企業間においても取引価格（取引の対価性）がおよそ観念できない場合に限定されるというべきである（注2）。

　以下では，移転価格課税と寄附金課税の関係が問題となりうる具体例をいくつか取り上げて検討してみたい。

2　価格の変更（調整金の支払）

　国外関連者との取引価格に関して，当初設定した価格を期末に変更して，それに応じて調整金の支払がなされることがある。例えば，親会社が海外の製造子会社に対して支払う製造委託料について，期中は当初に定めた価格に基づいて支払をした上で，期末の時点で総コストをカバーしてさらに一定の利益が生じるような価格に変更し，期中の支払額との差額を調整金として支払うといったケースが典型である。

　それ以外にも，実務では，事業年度を通じた営業利益率が一定のレンジに収まるように調整するため，期末に調整金の支払をするということもありうる。このような価格変更，調整金の支払が寄附金に該当するかが問題となることは多いといえる。

　この点，国内取引の事案ではあるが，親子会社間の継続的な製造物供給契約につき，期中に一定額を支払った後，期末にその金額を減額して調整したことが寄附金に該当するかが争われた裁判例がある（東京地判平成26年1月24日・税資264号順号12394）。この裁判例では，期中の支払額は暫定的なものであり，金額の調整は親子会社間における役割及び貢献度に応じて損益を分配するものであって不合理なものではないことを理由に，寄附金には該当しない旨が判示された。

　また，国税庁が公表している移転価格事務運営要領においても，「当該支払等に係る理由，事前の取決めの内容，算定の方法及び計算根拠，当該支払等を決定した日，当該支払等をした日等を総合的に勘案して検討し，当該支払等が合理的な理由に基づくものと認められるときは，取引価格の修正が行われたものとして取り扱う」（寄附金としては取り扱わない）とされている（同要領3－21）。

　以上の考え方からすると，価格変更，調整金の支払が経済的に合理性を有するものと認められる限りにおいては，寄附金には該当しないと考えられる。ただし，実務においては，価格変更や調整金の支払が契約書等に明記されていない場合，外形的には無償による経済的利益の供与や金銭の贈与であると見られる可能性がある。そのため，合理的な基準に基づいて価格変更や調整金の支払がなされることをきちんと契約書等で明記しておくことが望ましい。

　なお，変更された後の価格が独立企業間価格に合致するかどうかは別の問題であり，これと乖離している場合，別途移転価格課税の対象になると考えられる。

　これに対して，価格変更や調整金の支払が単なる利益移転であって経済的合理性を有するとは認められない場合には，寄附金課税の対象となる。この場合，さらに当初の価格が独立企業間価格と乖離しているとすれば，移転価格課税の対象ともなりうる。

　例えば，日本の親会社が海外の子会社に対して当初100の価格で製品を販売し，期末にその価格を80に変更して20の調整金を支払った場合，その価格変更

に経済的合理性が認められなければ，20は寄附金課税の対象となる。さらに独立企業間価格が110であったとすれば，当初価格との差額10が移転価格課税の対象になる（変更後の価格との差額30が移転価格課税の対象になるわけではない）と考えられる（措法66の4④参照）。

3　無償の役務提供

企業グループにおいて，親会社が海外の子会社のために何らかの役務提供をすると認められる場合，その対価を収受しないことが寄附金に該当するとして問題とされることがある。例えば，親会社が広告宣伝活動をすることが海外の販売子会社の便益にもなるにもかかわらず，何らの対価も収受しない場合が典型である。

また，親会社の製品を子会社が販売するに当たって，その販売支援をすることは親会社の売上増加にもつながるが，直接には子会社の売上増加につながるものである。それにもかかわらず特段の対価を収受しないとすれば，同様の問題が生じる。

これらはまさに移転価格課税と寄附金課税の適用関係が問題となる場面である。基本的な考え方としては，取引価格が観念できる場合，移転価格税制によって独立企業間価格をもって取引価格が擬制されるのであるから，まずは取引価格が観念できるかを検討する。

役務提供において取引価格が観念できる場合とは，独立企業間であれば何らかの対価の支払がなされるべき便益が提供されたかどうかを基準にすることが相当と思われる。

この点，移転価格事務運営要領でも，企業グループ内における役務提供の取扱い（どのような場合に対価性のある取引と認められるか）について，「法人が当該活動を行わなかったとした場合に，国外関連者が自ら当該活動と同様の活動を行う必要があると認められるかどうか又は非関連者が他の非関連者から法人が行う活動と内容，時期，期間その他の条件が同様である活動を受けた場合に対価を支払うかどうかにより判断する」とされている（同要領3−10）。

　このような基準で取引価格が観念できる場合には，次に独立企業間価格の検討をすることになる。これに対して，取引価格が観念できない場合には，それは対価の支払が不要であることを意味するのであり，移転価格税制の適用はない。この場合，理論上はなお寄附金課税の問題となりうるが，取引価格が観念できないにもかかわらず経済的価値の移転（実質的な贈与）があったと見ることは困難であり，結論として寄附金課税の対象にはならないと解される。

4　低額の資産譲渡

　親会社から海外の子会社に対して資産の譲渡がなされる場合，その価格が低額であるとすれば，実質的な贈与であるとして寄附金課税の問題とされることがある（注3）。

　しかしながら，資産の譲渡の場合は取引価格が観念できるのであり，移転価格税制によって独立企業間価格が取引価格であると擬制されることになる。このようにして擬制された取引価格がさらに時価と乖離しており，経済的な価値の移転（実質的な贈与）があったと見られる場面を想定することは困難である。

　仮に寄附金課税をするのであれば，独立企業間価格の立証をした上で，さらにそれが時価と乖離していることを立証しなければならない。通常，そのような立証は困難であり，ここでも結論として，寄附金課税の対象にはならないと解される。

　なお，移転価格課税ではなく寄附金課税がなされた場合，相互協議の対象になりうるかは問題である。ここでいう寄附金課税は，法人税法上の寄附金課税とは異なり，関連者間の取引を規律するものであることからすれば，租税条約上の関連企業条項（OECD モデル租税条約9条参照）の適用対象であり，相互協議の対象になると解することが相当であると思われる。

Ⅲ　まとめ

　国外関連者との取引をめぐっては，常にその価格が適正であるかが問題にな

る。これには移転価格課税と寄附金課税の問題があるが，理論上は，寄附金課税はごく限定的な場面でなされるべきものである。

　ところが，実務では，移転価格課税の対象となるべき場合に寄附金課税がなされることが多い。そのような場合，納税者としては，以下のような点を主張して争うことが考えられる。

---

① 　価格設定に経済合理性が認められること
② 　移転価格税制が先に適用されるべきこと
③ 　租税条約に適合しないこと

　いずれにしても，価格設定に問題があると指摘されないようにするため，その合理性を客観的に裏づけるための資料をきちんと整えておくことが重要であるといえる。

（注1）　藤曲武美「判批」『税研』30巻4号（178号）「最新租税基本判例70」（2014年）118頁参照。

（注2）　加藤治彦ほか『改正税法のすべて〔平成3年版〕』（大蔵財務協会，1991年）287頁参照。

（注3）　例えば，国外関連者への株式譲渡に寄附金課税がなされた事案として，「パナソニック，421億円の所得申告漏れ指摘　大阪国税局」日本経済新聞電子版（2018年9月11日付け）参照。

I　寄附金認定の対象

野田：解説編では，担保提供から債権放棄に至るまでの一連の事情を考慮すれ
ば，担保提供の時点で将来生じうる貸倒れのリスクを甘受するとする実質的
な贈与の意思があり，資金提供はその意思が実現したものと見れば寄附金と
して認定することが可能である旨を述べられています。

　しかしながら，実質的に贈与の意思があるという理由で，法形式上は金銭
消費貸借契約であるものについて贈与契約であると認定して否認することは
租税法律主義の下では許されません。また，寄附金課税は，金銭等の支出行
為に関して，その費用・損失に係る損金性を否認するものであり，貸借取引
である金銭の貸付けに対して，寄附金認定を行うことは相当ではないと考え
ます。

　そこで，本件のようなケースでは，資金提供を寄附金として認定するので
はなく，同族会社の行為計算否認規定により，債権放棄を予定した金銭の貸
付け及びその放棄による一連の行為を事業目的のない変則的な行為であると
して，これを単なる金銭の贈与行為に引き直して，寄附金課税を行うのが相
当であると考えられます。木村さんは，この点について，どのような見解を
お持ちでしょうか。

木村：ご指摘のとおり，同族会社の行為計算否認規定を適用することで，本件
における一連の取引を否認するということも1つの方法であると考えられま
す。他方で，寄附金課税における寄附金には，金銭等の資産の贈与のみなら
ず，経済的利益の無償供与も含まれていますので，将来において返済を受け
る見込みのない金銭の貸付けについては，法的には貸借であって贈与でない
としても，実質的な観点からは経済的利益の無償供与であって寄附金に該当
しうるものと考えられます。

　この点，同族会社の行為計算否認規定が適用されるのは，他の規定では否認ができず，それゆえ税負担を不当に減少させる結果になる場合であると解されます。その意味でラストリゾートであり，最後に抜かれるべき「伝家の宝刀」であるといえますので，寄附金課税ができるのであれば，その適用をすることが相当ではないかと考えています。

　なお，関連する論点として，課税処分の段階で行為計算否認規定の適用をしなかった場合に，訴訟の段階で同規定の適用について追加で主張できるかということが問題となりえます。これについては，行為計算否認規定の適用が税務署長の裁量であると見れば，課税処分の段階でその裁量を行使しなかった以上，訴訟の段階で適用はできないという解釈もありえます。他方で，行為計算否認規定も課税要件ですので，租税法律主義に照らして，その適用要件を満たす場合には税務署長は当該規定を適用すべきであり，そこに裁量はないと見ることも可能です。そのように理解すれば，訴訟の段階で行為計算否認規定の適用を追加で主張することも認められるのではないかと思われます。

II　寄附金の額

野田：寄附金課税においては，金銭の単純贈与でない限り，実際の取引価額と時価との差額が寄附金の額に該当するところ，一般に時価の算定は困難であるといえます。そこで，実務上は，当事者が真実合意した価額に反した価額で取引をしていると認められる場合に，その合意価額と実際取引価額との差額を寄附金課税の対象とするものであると考えられます。この点について，木村さんはどのようなご見解でしょうか。

木村：野田さんのご指摘は，実際取引価額を通謀虚偽表示として真実合意価額に引き直して収益認識した上で，その差額を寄附したものと見る考え方であると理解しました。そのような考え方も会計処理としては理解できますが，法的な観点からは当事者が真実合意した価額を事実として認定することは困

難な場合が多いと思われるほか，通謀虚偽表示は仮装隠蔽行為ですので，寄附金課税がなされる場合はすべて重加算税の対象になることにもなりかねないと思われます。

　私の理解では，寄附金課税においては，厳密な意味で客観的な時価ではなく，経済合理的な観点から当事者が合意したであろう価額を認定した上で，それと実際の取引価額との差額が寄附金の額になるものであると考えています。

III　移転価格課税と寄附金課税

野田：解説編では，移転価格課税と寄附金課税について，理論上は移転価格課税の対象となるにもかかわらず，実務上，寄附金課税が行われる場合が多いことが指摘されています。そして，この場合，納税者としては，移転価格税制が先に適用されるべきことを主張して争うことが考えられる旨述べられています。

　しかしながら，移転価格税制が先に適用されるべきという考え方には疑義があります。私見では，まず，実際の取引価額と当事者間の合意価額との差額が寄附金課税の対象となり，さらにその合意価額が独立企業間価格と相違する場合に，その差額を調整するのが移転価格課税であると考えます。

　このように，まずは先に寄附金該当性の検討がなされた後，移転価格税制の適用についての検討がなされるものと考えます。この点，租税特別措置法66条の4第4項の規定も，寄附金相当額を除いた部分を移転価格課税の対象としているため，寄附金課税が先行することを前提としていることが窺えます。

木村：実際の取引価額と異なる当事者間の合意価額が認定できる場合にはそのような処理になると思われますが，そうではなく，実際の取引価額が当事者間で真実合意した価額であるものの，それが経済合理的でない価額である場合に，寄附金課税と移転価格課税のいずれが優先適用されるかというのが問

題であると考えています。

　この点，寄附金課税が優先適用されるとすれば，経済合理的な当事者であれば合意したであろう価額との差額がまず寄附金課税の対象になりますが，当該価額は多くの場合に独立企業間価格と乖離しないことが通常であると思われますので，移転価格税制が適用される場面が著しく限定されることになるように思います。そのような解釈は移転価格税制の趣旨目的に沿わないように思いますので，やはり移転価格課税が先に適用されるべきではないかというのが私の考えです。

Ⅳ　寄附金課税の疑問点

佐藤：寄附金に関する規定を，企業グループ内における利益移転の防止のために使うのは，日本特有であると聞いたことがあります。確かにそう言われてみれば，寄附というのはユニセフなどにするというイメージがあり，企業グループ内の取引について寄附という言葉を使うことは（法令解釈としてありうるとしても）通常の日本語の語感としては変だなと思った記憶があります（税法を学び始めた頃に違和感を持つ点の１つでもあるように思います。）。

　このように日本特有の課税であるせいなのか，租税条約に基づく相互協議の場では，寄附金課税については，移転価格課税とは異なり，協議のテーブルにすら着いてもらえないと言われています。その意味でも，寄附金課税を受けることは，納税者にとっては，移転価格課税を受けるよりも不利であると思われます。

　こう考えてくると，ざっくりとした議論かもしれませんが，基本的には，国際取引に関して，移転価格税制に基づいて課税を行うことが（実際に独立企業間価格を見つけることが困難であるとしても）理論的には可能であるような場合には，寄附金課税を行うべきではないように思います。

　少し雑駁な感想めいた話ですが，木村さんのお考えも伺えればと思います。

木村：寄附金課税がなされると相互協議の対象にならない取扱いであるという

のは重要なご指摘であると思います。

　移転価格は，結局のところ，多国籍企業がグループ全体で得た利益について，いずれの国にどれだけの所得を帰属させて納税するかという問題であり，これは国家間における課税権の分配の問題です。納税者からすれば，いずれの国での納税でもよいので，とにかく「一所得一課税」の原則が徹底されることが何より重要であり，複数の国が自国に所得を帰属させて課税しようとする二重課税の問題を避ける必要があります。そのような二重課税を解消するための仕組みとして，租税条約で認められているのが相互協議です。

　そもそも，租税条約では，関連者間取引については移転価格税制が規律する領域であることを前提に，締約国間で二重課税を解消するための調整をすべきことを定めています。そして，本来であれば移転価格税制の適用場面であり，相互協議の対象になるものであるにもかかわらず，日本が独自に寄附金課税をすることで相互協議の対象にならず，二重課税が排除されない結果になるとすれば，租税条約の意義が損なわれることが明らかといえます。

　そこで，移転価格課税がなされるべき場合に寄附金課税がなされるとすれば，そのような課税は租税条約に適合しないとして争う余地があるのではないかというのが私の考えです。

第 **10** 章

グラクソ事件

国内法が租税条約に抵触する場合の争い方

　本章で取り上げるグラクソ事件（最判平成21年10月29日・税資259号順号11302）は，外国子会社合算税制（以下「合算税制」という。）に基づき，シンガポール子会社の所得を親会社である内国法人の所得に合算して課税がなされたところ，同税制が日本とシンガポールの租税条約（日星租税条約）7条1項（事業所得条項）に反するのではないかという点が争われた事案である。

　課税関係を検討するに当たって，国内法の規定と租税条約の規定が抵触する場合，国内法の効力が租税条約によってどのように影響を受けるかを検討する必要がある。仮に租税条約に反する国内法の規定に基づいて課税がなされた場合，納税者としては，これをどのように争うかを検討することが重要である。

　そこで，本章では，上記事件を取り上げるとともに，より一般に国内法と租税条約の抵触が問題となる場面を整理した上で，その争い方について検討することとしたい。

I　事案の概要

　本件では，合算税制が日星租税条約の事業所得条項に抵触するか否かが争われた[注1]。同条項は OECD モデル租税条約（ただし，いわゆる AOA アプローチを採用した2010年改正前のもの）を範としたものであり，日本に恒久的施設（PE）を有しないシンガポール法人の事業所得に対する日本の課税権を否定している。

　このことから，納税者は，日本に PE を有しないシンガポール子会社の事業所得について合算税制の適用によって日本で課税することは，たとえ形式的には親会社である日本法人に対する課税であったとしても許されないというべきである旨を主張した。

　これに対して，課税庁は，合算税制はあくまでも親会社である日本法人に対する課税であり，シンガポール子会社を納税義務者として課税するものではないことから，租税条約には抵触しない旨を主張した。

1　裁判所の判断

　裁判所（最高裁）は，日星租税条約7条1項の文言上，同項が締約国に対して禁止又は制限している行為は，一方の締約国（日本）による他方の締約国（シンガポール）の企業に対する課税権の行使に限られるものと解すべきとした上で，合算税制による課税は，あくまでも日本法人に対する課税権の行使として行われるものであるから，それが日星租税条約7条1項による禁止又は制限の対象に含まれないことは明らかであると判断した。

　若干の検討をすると，一般に，租税条約は，6条から21条まで，所得の種類に応じて締約国間の課税権を分配する。これらは7条の事業所得条項を含め，基本的には締約国の居住者に対する法的二重課税（同一の所得に対して同一の

納税義務者に複数の国が課税権を行使すること）の発生を防止するものである。

　ただし，9条（関連企業）の移転価格税制に関する規定のみは，経済的二重課税（同一の所得に対して異なる納税義務者に複数の国が課税権を行使すること）を取り扱っている。

　この点，合算税制は，外国法人の所得を日本の内国法人の所得に合算し，当該内国法人を納税義務者として課税するものである。これにより，経済的二重課税を生じさせるが，法的二重課税は生じさせない。したがって，合算税制が租税条約上の事業所得条項と抵触するものではないと判断したことは相当と思われる。

2　関連する論点

　OECD モデル租税条約コメンタリーには，合算税制などの CFC 税制が事業所得条項に反しない旨の記述がある。そこで，本件では，OECD 非加盟国であるシンガポールが締結した日星租税条約の解釈に当たって，当該コメンタリーの記述を参照できるかという点が関連して争われた。

　この点につき，裁判所は，日星租税条約は OECD モデル租税条約に倣ったものであるから，そのコメンタリーは条約法に関するウィーン条約32条にいう解釈の補足的な手段として参照できると判断した。

　そもそもコメンタリーの法的性質については議論があるが，コメンタリーはOECD 加盟国間で合意されたモデル租税条約の一般的な解釈を明らかにしたものであり，OECD 加盟国間で租税条約が締結される場合，特にそれに反する状況がない限り，両締約国はコメンタリーの解釈を前提に租税条約を締結したものと考えられる。

　これに対して，租税条約が OECD の加盟国と非加盟国との間で締結される場合（あるいは非加盟国間で締結される場合）には，そのようにコメンタリーの解釈が前提とされていたかどうかはより慎重な検討を要する。それでも，実際に締結された租税条約で OECD モデル租税条約と同一の文言（あるいはそれを修正した文言）が使用されている場合，特に異なる解釈を前提にしていた

という状況が認められない限り，コメンタリーの解釈が前提となっていたと解することが合理的であると考えられる。

したがって，日星租税条約のように OECD 非加盟国が締結した租税条約であっても，その解釈に当たって，コメンタリーを少なくとも解釈の補足的な手段として参照することができると判断したことは相当と思われる。

II 国内法と租税条約の抵触

1 総 論

わが国では，憲法98条２項が「日本国が締結した条約及び確立された国際法規は，これを誠実に遵守することを必要とする」と定め，条約が国内法に優先することとしている。これは租税条約であっても同様であり，租税条約が国内法と異なる定めをしている場合，租税条約の定めが優先して適用されることになる(注2)。

そこで，一般に，課税要件を定める国内法の規定が租税条約の規定に抵触する場合，当該国内法の規定は租税条約に反する限りにおいて無効であり，効力を生じないと解される。

なお，国内源泉所得及び PE に関しては，国内法と租税条約の定めが異なる場合，租税条約が国内法を置き換えることが国内法の明文で定められている（法法139①，２十二の十九）。したがって，この場合には国内法と租税条約の抵触は生じないことになる。

また，租税条約は締約国の課税権を制限するものであり，その根拠を与えるものではなく，課税の根拠はあくまでも国内法である。このことから，仮に租税条約が国内法よりも広い範囲で課税を認めるとしても，そもそも国内法に課税の根拠規定がなければ，当然，課税はなされないことになる。

以下では，租税条約の規定の性質に応じて，国内法と租税条約に抵触がある場合の争い方について述べることとしたい。

2　課税権を制限する規定

6条から21条までは締約国の課税権を制限する規定であり，これに抵触する国内法の課税規定はその限度で効力を生じない。仮に課税庁が当該国内法の規定に基づく課税処分をしたとすれば，納税者としては，当該規定は租税条約に反して無効であり，課税処分は違法である旨を主張して争うことになると解される。

3　二重課税排除の規定

23条は二重課税の排除を義務づける規定であり，源泉地国において課税が認められる範囲で居住地国において二重課税を排除すべきことが定められている。そこで，例えば，租税条約上は認められるべき外国税額控除が国内法上は認められないとすれば，その限度で国が不当に利得することになるため，納税者としては国に不当利得返還請求ができると解される。

もっとも，日本の国内法上，ある所得について租税条約の規定によって相手国に課税権が認められる場合，当該所得は国外源泉所得として外国税額控除の対象になることが認められており（法法69④十五），わが国では実際上の問題が生じることは少ないと解される。

4　差別的取扱いを禁止する規定

24条は締約国が差別的取扱いをすることを禁止する規定であり，これに抵触する国内法の規定は無効であると解される。

このような無差別取扱いを定めた規定は無差別条項ともいわれ，課税権の分配とは異なる特殊なルールが定められている。特に非居住者（外国法人）にとっては，無差別条項について検討することが重要であり，下記Ⅲで詳細に検討する。

Ⅲ　無差別条項

1　国籍無差別条項

　国籍無差別条項（24条1項）は，国籍による差別的な取扱い，すなわち，同じ状況にある者について，一方は国籍を有しており，他方は国籍を有していないことを理由として，国籍を有していない者を実体面又は手続面において課税上不利に取り扱うことを禁止する。

　ここで重要なのは，同じ状況にあると認められるかどうかであり，その判断に当たっては，他の条件が同じであるにもかかわらず，国籍が違うことのみを理由として異なる取扱いがなされているかどうかを検討する。

　例えば，一般に，居住者と非居住者では異なる取扱いがなされることが多いが，これらは居住地についての条件が異なっており，同じ状況にあるとは認められにくい。現実には居住者の多くが国籍を有しており，非居住者の多くが国籍を有していないという実態があるとしても，居住地によって異なる取扱いをするものであれば，国籍による差別には該当しない。

2　PE無差別条項

　PE無差別条項（24条3項）は，非居住者の国内PEに対する差別的な取扱い，すなわち，非居住者が国内に有するPEを通じて事業活動をして稼得する所得について，居住者が同じ事業活動をして稼得する所得よりも課税上不利に取り扱うことを禁止する。

　ただし，ここでは実体面における差別（税負担の相違）のみが問題とされており，手続面における差別については，それが税負担の相違につながるものでない限り，同条項には反しないとされている。税負担が相違する場合とは，典型的には，課税所得や税額の計算方法が居住者と非居住者のPEで異なる場合であり，費用控除，減価償却，損失，譲渡損益，適用税率など，さまざまな課

税上の取扱いにおいて非居住者の PE を不利に取り扱うことが禁止される。

　実体面と手続面のいずれの差別であるかが問題になるものとして，源泉徴収の規定がある。居住者から非居住者の国内 PE に配当，利子，使用料が支払われる場合，国内法に基づいて源泉徴収の対象となりうるが，これが居住者間の支払のケースで源泉徴収の対象にならないとすれば，非居住者に対する差別的な取扱いに該当しうる。

　この点，源泉徴収された税額について，通常の申告納税の場合と同様，申告時に税額控除が認められるのであれば，手続面の負担はともかくとして，実体面において PE を不利に取り扱うものではなく，同条項には反しないと考えられる。これに対して，源泉徴収による課税が分離課税の対象であり，その税額について還付を受けることもできない場合，実体面において非居住者を不利に取り扱うものとして同条項に反すると考えられる。

3　費用控除無差別条項

　費用控除無差別条項（24条4項）は，自国の居住者が相手国の居住者（自国の非居住者）に利子，使用料等を支払う場合に費用控除を認めるか否かの点で差別的な取扱いをすることを禁止する。これは費用控除の点で非居住者に対する支払を不利に取り扱うことで非居住者を間接的に差別することを禁止するものである。ただし，その支払が独立企業原則と適合しないものである場合は国の課税ベースを浸食するものであり，差別的な取扱いをしても同条項には違反しないとされている。

　なお，わが国の過少資本税制は，非居住者に対する支払利子のみ費用控除を制限しており，同条項に違反しないかが問題となる。同税制は出資と貸付けの比率が一定割合を超える部分の支払利子について損金算入を否定するものであり，その支払が独立企業原則に適合するにもかかわらず，非居住者に対する支払であることを理由に費用控除を制限するとすれば，同条項に反する疑いがある。

4 資本無差別条項

資本無差別条項（24条5項）は，内国法人の資本の全部又は一部が直接又は間接に相手国の居住者（自国の非居住者）によって保有又は支配されている外資企業であることを理由に，類似の内資企業よりも課税上不利に取り扱うことを禁止する。これも直接的には自国の居住者に対する差別的な取扱いであるが，出資者である非居住者を間接的に差別することを禁止するものである。

IV　まとめ

租税条約は国家間の取決めであり，国家が単独で定める国内法に優先する。そして，国内法の規定が租税条約の規定に抵触する場合，国内法に基づく課税を争う余地がある。そのような租税条約の規定として，次のものがある。

- 課税権を制限する規定（6条～21条）
- 二重課税排除の規定（23条）
- 無差別条項（24条）

争い方としては，租税条約に反する国内法の規定は無効であり，当該規定に基づく課税は違法である旨を主張することが考えられる。

(注1)　事案の概要につき，岡田幸人「判解」『最高裁判所判例解説民事篇平成21年度』（法曹会，2012年）776頁参照。

(注2)　金子宏『租税法〔第24版〕』（弘文堂，2021年）113頁参照。

I　本判決の意義──法律家の観点から

佐藤：解説編では，判決そのものについては詳しくはコメントされていないこともあり，私からは判決自体について少しコメントをしたいと思います。

　グラクソ事件は，合算税制そのものが租税条約に違反するという話でしたので，最初に聞いたとき，非常に驚いた記憶があります。実務感覚的には，おそらく，日本の裁判所は，原告の主張を認めることはないのだろうなと感じ，実際にそのような判断となりました。ただ，フランスの行政最高裁判所として権威があると聞いているコンセイユ・デタで，フランスの CFC 税制が租税条約違反であるとの判決が出たとのことでもあり，また，納税者側の主張の内容を見ても，決して荒唐無稽な議論ではないというところを興味深く思っていました。

　また，本判決の先例的意義としては，OECD モデル租税条約コメンタリーについて，条約法に関するウィーン条約32条にいう解釈の補足的手段に当たる，とした点も重要であると思います。本書でも，日愛租税条約事件や倉庫PE 事件で OECD コメンタリーが論点の１つになっています。とりわけ，倉庫 PE 事件の判決における OECD コメンタリーへの言及の仕方は，条約の文理解釈を前提とした上で，その文理解釈の内容を OECD コメンタリーの内容によって確認しているように読めるという意味で，グラクソ事件最高裁判決が，OECD コメンタリーを解釈の補足的手段と位置づけたことと整合するという趣旨の指摘もなされています（倉庫 PE 事件に関して引用されている藤谷武史教授の評釈（本書57頁参照））。

　木村さんは，OECD コメンタリーをベースに『租税条約入門』のご著書を書かれていますが，グラクソ事件最高裁判決が，OECD コメンタリーを条約法に関するウィーン条約32条の解釈の補足的手段として位置づけた点に

ついては，どのようにお考えですか。例えば，より OECD コメンタリーを重く見て，同条約31条の，条約の趣旨や目的として位置づけるべきではないか，とお考えでしょうか。

木村：欧州諸国では，日本と違ってそもそも租税訴訟の件数が多く，EU 域内での国境を越えた経済活動も活発であることから，租税条約の解釈適用が裁判所で争われることも非常に多いといえます。フランスの裁判所では，そこで蓄積した議論を踏まえて，国内法が租税条約に違反するとの判断をしたものであると思います。

　そこまで租税条約の議論が成熟していない日本の裁判所では，国内法が租税条約に違反するという踏み込んだ判断をすることが難しいであろうというのは私も佐藤さんと同じ感覚を有しています。ただ，この点は，我々実務家もより一層努力していく必要があろうと自戒を込めて思うところです。

　また，OECD モデル租税条約コメンタリーの法的性質についても，欧州諸国では議論が活発になされており，単なる解釈の補足的手段というよりも重要な位置づけがなされることが多いと思われます。すなわち，租税条約の締結に当たって OECD モデル租税条約の文言を採用する場合には，通常はそのコメンタリーの解釈を前提にしたものと考えられますので，当該文言については，ウィーン条約31条の「特別の意味」，あるいは国際租税という専門分野における「通常の意味」が与えられていると解すべきであるという見解が有力であると理解しています。

II　租税条約に適合しない課税への対応

野田：租税条約で認められた課税の範囲を超えて相手国において源泉地国課税がなされた場合，日本の居住者・内国法人としては，日本において外国税額控除による二重課税排除の対象とならず，損金算入処理しか認められないことになります。

　例えば，租税条約上，相手国に PE 帰属所得に係る課税が認められている

として，相手国の PE 認定が正当であれば租税条約に適合した課税となり，日本で外国税額控除が認められる一方で，PE 認定が誤りであれば租税条約に適合しない課税となり，日本では損金算入処理をすべきことになります。

　この点，相手国の課税が租税条約に適合するか否かについては，納税者にとって必ずしも明確であるとは限らず，疑義がある場合には日本において外国税額控除と損金算入処理のいずれを選択すべきか問題となります。このように，租税条約に適合する課税であるか否かの判断が困難な場合，納税者としてはどのように対応すべきであるか，木村さんのお考えをお聞かせください。

木村：相手国において租税条約に適合しない課税がなされるというのは現実に起こりうる問題ですが，その場合は損金算入処理をせざるを得ないことになります。そして，納税者としては，相手国において課税を争う手段について検討することになると思われますが，それと同時に，租税条約に適合しない課税に対して，相互協議の申立てをすることも検討すべきと思われます。

　以上は相手国の課税が租税条約に適合しないと判断できる場合ですが，ご指摘のとおり，判断が難しい場合もあります。その場合，現実に相手国で課税がなされており，それが一見して明らかに租税条約に適合しないとはいえない限り，まずは外国税額控除の処理をすることが相当ではないかと思います。その上で，日本の当局から相手国の課税が租税条約に適合しないと指摘された場合に，その指摘内容も踏まえて，日本における課税と相手国における課税のいずれを争うべきかを検討するとともに，相互協議の申立てについて検討することになると思われます。

　なお，相手国の課税を争うためには手続的な制限が定められていることがありますので，日本で外国税額控除の処理をすると同時に，日本の当局からの指摘を待たずに，将来日本の当局から外国税額控除の処理を否認された場合に備えて，あらかじめ相手国における課税を争っておくということも考えられます。

野田：確かに相手国で課税を争うということは重要なのですが，外国政府と争

うというのは納税者としてかなりの負担を強いられることになります。特に近年では，中国，インド，ブラジルなどで，租税条約違反の課税が目立っており，実務上，そのような租税条約に適合しない課税について相手国から還付を受けられたという事例はほとんど見受けられないというのが実情です。

　したがって，納税者の自助努力に委ねるのではなく，日本国政府として，相手国がきちんと租税条約を遵守するように交渉していく必要があると考えています。木村さんは，この点について，どのようにお考えですか。

木村：相手国で課税を争うというのは，法的な手段としては考えられるのですが，それがどこまで有効に機能しているかは国によっては相当な疑問があるというのはご指摘のとおりと思います。他方で，租税条約に適合しない課税については，租税条約上は相互協議によって解決することがメカニズムとして予定されており，これが十分に機能することが重要であると思われます。

　この点については，日本の当局において，租税条約を締結している相手国が租税条約に適合しない課税をしているという事実関係が十分に認識されていない可能性もありますので，そのような実情を知ってもらうためにも，納税者としては，積極的に相互協議の申立てをすることが重要ではないでしょうか。

Ⅲ　費用控除無差別条項

野田：解説編では，わが国の過少資本税制は，その支払が独立企業原則に適合するにもかかわらず，非居住者に対する支払であることを理由に費用控除を制限するとすれば，費用控除無差別条項に違反する可能性がある旨指摘しています。

　この見解によると，資本に対して過大な負債利子の損金算入を制限する過少資本税制とともに，所得金額に比して過大な支払利子の損金算入を制限する過大支払利子税制についても，費用控除無差別条項に抵触する可能性があると考えられますが，その点はいかがでしょうか。

木村：制度設計次第では，過大支払利子税制も費用控除無差別条項に違反する可能性があると思われます。

　この点，日本の現行制度は，受領者の側において日本の課税所得に含まれない支払利子について費用控除を制限するものですが，これは基本的に国外への支払利子を対象とするものであると考えられますので，無差別条項に抵触するという解釈もありうるのではないかと思われます。

第11章

デンソー事件

外国子会社合算税制の適用要件の整理

　本章で取り上げるデンソー事件（最判平成29年10月24日・税資267号順号13082）は，内国法人の子会社である外国法人について，外国子会社合算税制（以下「合算税制」という。）の適用除外基準（平成29年度税制改正後の経済活動基準）のうち，事業基準を満たすかどうかが争われた事案である。

　海外に子会社を有する内国法人にとって，合算税制の適用関係を検討することは非常に重要である。この点，合算税制はここ数年毎年のように重要な改正がなされており，特に平成29年度税制改正では制度の抜本的な改正がなされたところである。

　そこで，本章では，上記事件を取り上げるとともに，平成29年度税制改正後の内国法人に係る合算税制の適用要件について整理して検討することにしたい。

I　事案の概要

　日本の内国法人であるX社は，シンガポールに子会社（A社）を有していた
ところ，A社は他の複数のグループ会社の株式を保有した上でその統括に関す
る業務を行っていた。ここで，株式の保有関係に着目して，A社の主たる事業
が「株式保有業」であると認められるとすれば事業基準を満たさず，合算税制
の適用対象になるとされていた。

　このことから，X社としては，統括業務に着目して，A社の主たる事業は株
式保有業ではなく地域統括業である旨を主張した。これに対して，課税庁は，
地域統括に関する業務は配当所得の稼得に向けられたものであり，また，A社
の所得のうちに株式保有から生じる配当所得が占める割合は8割を超えており，
総資産のうちに保有株式が占める割合も過半となっていることから，主たる事
業は株式保有業である旨を主張した。

　このように，本件では，海外子会社が複数の事業を営む場合に，主たる事業
をどのような基準で判定するかという点が争われた（注1）。

1　裁判所の判断

　裁判所（最高裁）は，主たる事業は事業活動の具体的かつ客観的な内容から
判定することが相当であり，外国子会社が複数の事業を営む場合には，①各事
業からの収入又は所得金額，②各事業に要する使用人の数，③事務所等の固定
施設の状況等を総合的に勘案して判定するのが相当である旨を判示した。

　その上で，本件では，事実関係を総合的に勘案して，A社の行っていた地域
統括業務は，相当の規模と実体を有するものであり，事業活動として大きな比
重を占めていたことから，その主たる事業は株式保有業ではなく地域統括業で
あることが認められた。

2　若干の検討

　一般に，外国子会社の税負担割合が20％未満の場合，合算税制の適用除外が認められるためには4つの基準（事業基準，実体基準，管理支配基準，非関連者基準又は所在地国基準）をすべて充足する必要がある。そして，この基準を満たすかどうかを判断する上で，外国子会社が複数の事業を営む場合，いずれが主たる事業であると認められるかによって，結果が異なりうる。そこで，どのように主たる事業を判定するかが重要となる。

　本件では，収入や所得金額といった事業活動の結果のみならず，事業に従事する従業員や使用される固定施設の状況など，投下されている人的資本や物的資本という経済活動の規模や実体にも着目しており，そのような実質的な観点を踏まえて主たる事業の判定をすべきことが明らかにされた。

　このように実質的な観点から主たる事業を判定することは，平成29年度税制改正後の経済活動基準の充足を判断する上でも同様であると考えられ，今後の実務において参考になると思われる。以下では，同改正後の合算税制の適用要件について整理して検討する(注2)。

II　合算課税の対象となりうる内国法人

1　制度の概要

　外国法人は日本の国内で所得を稼得するものでない限り，基本的には日本の納税義務者とはならない。これに対して，内国法人は日本の国外で所得を稼得したとしても，基本的にはそのすべての所得について課税がなされる（全世界所得課税）。

　そこで，海外において内国法人が直接所得を稼得する代わりに，外国法人を通じて所得を稼得すれば，これには日本の課税権が及ばないことになる。これが正当な事業目的を超えて濫用的になされるとすれば，日本の課税を不当に免

れうる。このような租税回避行為に対応するため，一定の外国法人が稼得した所得を内国法人の所得に合算して課税するための制度が合算税制である。

2　外国関係会社の株式保有

　合算税制の対象となりうるのは，一又は複数の内国法人（若しくは居住者たる個人）が直接又は間接に合計で50％超を保有する外国法人（外国関係会社）について，その株式の10％以上を保有する内国法人である（措法66の6①，②）。

　50％超の保有関係を判定するに当たって，平成29年度税制改正前はいわゆる「掛算方式」が採用されていたが，同改正後は「連鎖方式」が採用されている。これにより，内国法人が50％超を保有する外国法人がさらに50％超を保有する外国法人について，掛算方式では50％以下の保有割合となる場合でも，外国関係会社として合算課税が適用されうる。

　例えば，内国法人ａ社が外国法人ｂ社の80％を保有し，ｂ社が外国法人ｃ社の60％を保有する場合，ａ社のｃ社に対する保有割合は，掛算方式では48％となるが，連鎖方式では60％となり，ｃ社は外国関係会社に該当することになる。

　逆に，内国法人ｄ社と外国法人ｅ社の合弁会社として，外国法人ｆ社を50％ずつ保有する場合，ｅ社の少数株主にたまたま内国法人（ｄ社に限らない）が含まれるとすれば，内国法人のｆ社に対する合計保有割合は，掛算方式では50％超となるが，連鎖方式では50％の保有割合となり，ｆ社は外国関係会社には該当しないことになる。

3　実質支配者の例外

　外国法人の財産に対する支配権（残余財産のおおむね全部を請求する権利又は財産処分の方針のおおむね全部を決定する権限）を有する内国法人が存する場合，当該内国法人は「実質支配者」として，実際の株式保有割合にかかわらず，100％を保有する者と同様の合算課税の対象になりうるとされている。

　例えば，ある内国法人の株式保有割合が10％未満の場合，あるいは他の内国法人らとあわせた株式保有割合が合計50％以下の場合，通常は合算課税の適用

対象外となるが，当該内国法人が実質支配者に該当するときには，100％株主と同様に取り扱われ，合算課税の対象となりうる。

　なお，これは特定の一の内国法人が実質支配者に該当する場合に100％株主と同様に取り扱うものであり，複数の内国法人が共同で支配権を有する場合は対象外とされる。

Ⅲ　３つの合算課税制度と適用免除基準

1　特定外国関係会社に係る会社単位の合算課税制度

　外国関係会社が以下で列挙するいずれかの種類の会社（特定外国関係会社）に該当する場合には，会社単位の合算課税制度が適用され，その所得の全部が株式保有割合に応じて内国法人の所得に合算されて課税されることになる。

① 　ペーパー・カンパニー

　主たる事業を行うために必要な事務所等を有しておらず，かつ，本店所在地国において事業の管理，支配及び運営を自ら行っていない会社

② 　事実上のキャッシュ・ボックス

　次の２つの要件を充足する会社

（ⅰ）　総資産に占める受動的所得[※]の割合が30％を超えること（利益基準）

　　[※]　後述する部分合算課税の対象所得（ただし，異常所得を除く）

（ⅱ）　総資産に占める受動的資産[※]の割合が50％を超えること（資産基準）

　　[※]　有価証券，貸付金，貸付用固定資産，無形資産等

③ 　ブラック・リスト・カンパニー

　財務大臣が指定する国・地域に所在する会社

2　経済活動基準を満たさない外国関係会社に係る会社単位の合算課税制度

　外国関係会社が特定外国関係会社に該当しない場合であっても，以下の４つ

の経済活動基準を1つでも満たさないときには, やはり会社単位の合算課税制度が適用されることになる。

① 事業基準

主たる事業が一定の列挙された受動的な事業（株式保有業, 債券保有業, 知的財産提供業, 船舶・航空機貸付業）に該当しないこと。ただし, 株式保有業であっても, 25％以上の株式を保有する複数の子会社の統括業務（事業方針の決定や調整によって収益性の向上を図る業務）を行う場合には同基準を充足する。

② 実体基準

主たる事業を行うために必要な事務所等を本店所在地国に有していること。これは現地で実体を伴う経済活動をしていることを求めるものであり, 事務所等は必ずしも自ら保有しなくてもよく, 賃貸の場合も同基準を充足する。

③ 管理支配基準

本店所在地国において事業の管理, 支配及び運営を自ら行っていること。これは現地で実質的な経営がなされていることを求めるものであり, その判断に当たっては, 株主総会・取締役会の開催場所や役員等による意思決定の場所が重要な要素となる。

④ 非関連者基準又は所在地国基準

特定の業種（金融業, 卸売業, 運送業等）の場合, 非関連者取引が全体の50％超であること。その他の業種の場合, 主たる事業活動の場所が本店所在地国の国内であること。なお, 実際の製造を本店所在地国以外で行ういわゆる来料加工事業であっても, 重要な業務を通じて製造に主体的に関与すると認められる場合には同基準を充足する。

3 受動的所得に係る部分合算課税制度

経済活動基準をすべて満たす場合でも, 配当, 利子, 使用料, キャピタルゲインなどの一定の受動的所得については, なお部分合算課税の対象となりうる。

ただし, そのような受動的所得でも一定の要件を満たすものについては部分

合算の対象外とされており,その要件を検討することが重要である (**図表**参照)。

【図表】部分合算課税の対象となる受動的所得

所得の種類	部分合算の対象
配　当	原則：すべて 例外：持株割合25％以上の株式
利　子	原則：すべて 例外：①業務上の預貯金利子 　　　②貸金業に係る利子 　　　③グループファイナンス利子
有価証券の貸付対価	すべて
有価証券の譲渡損益	原則：すべて 例外：持株割合25％以上の株式
その他の金融性所得	デリバティブ損益，為替差損益，その他金融資産の運用所得
固定資産の貸付対価	一定の例外を除き，すべて
無形資産の使用料	原則：すべて 例外：自己開発又は相当対価で有償取得
無形資産の譲渡損益	原則：すべて 例外：自己開発又は相当対価で有償取得
異常所得	他の受動的所得を除いた所得のうち，（総資産＋減価償却費の累計＋人件費）×50％を上回る部分

4　適用免除基準

　平成29年度税制改正では，従来のいわゆる「トリガー税率」が廃止され，外国関係会社が現地で負担する税負担割合に応じた適用免除基準が定められた。なお，ここでいう税負担割合は法定税率とは異なり，実際に課される税率を基準とするため，注意が必要である。

　まず，税負担割合が30％以上の場合，3つの合算課税制度のいずれも適用が免除される。これにより，30％というのが事実上のトリガー税率となるが，実際には多くの国の法定税率は30％未満であり，税負担割合が30％以上となるこ

とは少ないと考えられる。

　次に，税負担割合が20％以上の場合，特定外国関係会社に係る会社単位の合算課税制度以外の合算課税制度の適用が免除される。これにより，特定外国関係会社に該当するか否かの判断のみをすれば足り，これに該当しない限り，合算税制は適用対象外となる。

　最後に，税負担割合が20％未満の場合，経済活動基準と受動的所得該当性についてそれぞれ検討した上で，合算課税の適用関係を判断する必要がある。このように，実務的には，税負担割合20％を境にして，事務負担が大きく異なることになる。

IV　まとめ

　以上のとおり，合算税制は非常に複雑な制度となっており，その適用要件を１つひとつ適切に判断する必要がある。

　この点，平成29年度税制改正によって，ペーパー・カンパニーに該当することや経済活動基準を満たさないことについての推定規定が導入されており，税務調査が実施された際に必要な資料を適時に提出しなければ合算課税の適用があると推定されることになる。

　したがって，合算課税の適用関係を判断するための資料をきちんと作成して準備しておくことが今後ますます重要になるといえる。

（注１）　事案の概要につき，日置朋弘「判解」『法曹時報』70巻10号（2018年）277頁参照。
（注２）　合算税制に係る平成29年度税制改正の解説として，藤山智博ほか『平成29年版 改正税法のすべて』（大蔵財務協会，2017年）654頁以下参照。

対 話 編

I　本判決の意義——法律家の観点から

佐藤：デンソー事件は，地裁と最高裁が，地域統括事業というもののビジネス上の実態を正当に認識して判断を下した，社会通念に適合した判決事例であると思います。他方，高裁の判決文を読むと，シンガポールの利用について過度に節税目的を強調している感があり，残念でした。

　確かに，日本企業がシンガポールなどの軽課税国を中間持株会社の設立拠点として用いることには税務メリットの観点が皆無ではないだろうと思われるのが微妙なところではありますが，税務メリットだけではなく，英語が通じること，都市インフラが充実していることなど，税務以外のメリットも総合勘案しているのが実態ではないかと思われます。この点については，木村さんはどのように思われますか。

木村：ご指摘のとおり，シンガポールは多国籍企業が東南アジアに投資する際のビジネスハブになっており，単純に税務メリットだけで拠点を置くものではないというのが多くの企業の実態であると認識しております。そのような実態がある場合にまで合算課税の対象にするというのは過剰包摂（オーバーインクルージョン）であるといえます。適正な税収を確保するために制度の強化が必要であるというBEPSの議論は理解できますが，他方で，正当な経済活動を阻害しないようにするために一定の割り切りとして，制度の簡素化・合理化も必要であり，それが結果として日本企業の国際競争力の強化につながるのではないかと考えております。

　本判決では，条文の解釈を通じて，そういった実態に着目した適正な判断がなされたものと理解しておりますが，合算税制の適用に当たっては，条文の文言上の問題で，必ずしも解釈ではどうにもならない場合もありえますので，そういった点については立法的な解決が必要ではないかと思われます。

II　事業基準の判定

野田：裁判所は，主たる事業は事業活動の具体的かつ客観的な内容から判定することが相当であり，外国子会社が複数の事業を営む場合には，①各事業からの収入又は所得金額，②各事業に要する使用人の数，③事務所等の固定施設の状況等を総合的に勘案して判定するのが相当である旨判示しています。

　しかしながら，外国子会社が複数の事業を行っており，かつ，上記の各要素に照らしていずれも重要性が肯定される場合がありえます。例えば，①収入全体の8割はA事業，②使用人全体の8割はB事業，③固定施設全体の8割はC事業といった場合，どのように総合判定できるのかという疑問があります。合算税制の適用の有無は内国法人の所得計算のみならず，海外投資の動向にも影響を与えうるものであるため，事業基準についてより客観的な判定基準が必要であると考えますが，木村さんはどのようにお考えでしょうか。

木村：ご指摘の点はごもっともですが，事業基準の判定は最終的には事実認定の問題であり，そして，事実認定が問題となる場面では同様の問題が生じることは多いといえます。また，事業基準をより客観的な，ある意味形式的なものにすると予測可能性は高まりますが，当該基準を回避するための試みが成功しやすくなるという問題がありますので，やはり実質的な基準とならざるを得ないのではないかと考えております。

　なお，事業基準の充足に関する資料を準備する必要があるのは納税者側ですが，その充足の有無について最終的な立証責任を負うのは課税当局側であると解されますので，上記の例のような総合判定が難しいケースでは，納税者に有利な結論になることが多いのではないかと思われます。

III　株式保有割合の算定

野田：解説編でも，平成29年度税制改正によって「掛算方式」から「連鎖方

式」に変更されたことが述べられていますが，これに関して，納税者の利便
性が高まった点について補足したいと思います。

　同改正前は，内国法人が外国法人と50：50で組成した外国JVにつき，そ
のJVパートナーである外国法人の株主に1人でも日本居住者や内国法人が
存在すると，そのJVは外国関係会社と認定され，租税負担割合が20％未満
であれば特定外国子会社として合算課税の対象になるといった事態が生じて
いました。これが同改正により，関係保有割合の判定が連鎖方式となったこ
とで，このような想定外の事態が生じるリスクがなくなりましたので，日系
企業が海外でJVを組成する際の懸念点が解消されたといえます。

木村：その点は確かに納税者の利便性が高まったといえます。他方で，50％超
の支配関係が連鎖する場合，従前は外国関係会社と認定されなかったものが
同改正によって認定されるようになっていますので，この点は注意が必要で
あるといえます。

IV　実質支配関係

野田：解説編では，外国法人の財産に対する支配権を有する内国法人が存する
場合，当該内国法人は「実質支配者」として，実際の株式保有割合にかかわ
らず，当該外国法人の株式を100％保有する者と同様に合算課税の対象にな
りうる旨示されています。

　この点，例えば，内国法人であるP社が外国関係会社であるS社の株式を
30％保有するとともにS社に対する実質支配関係を有しており，一方で，内
国法人R社がS社の株式を70％保有している場合，S社の適用対象金額が
100とすると，合算課税が重複する可能性があります。すなわち，P社の課
税対象金額はS社の適用対象金額100に請求権等勘案合算割合100％を乗じた
100となり，また，R社の課税対象金額はS社の適用対象金額100に請求権等
勘案合算割合70％を乗じた70となるため，これらを合計すると合算対象金額
は170となり，S社の適用対象金額の170％相当の合算課税が生じる可能性が

あります。

　仮に以上のような課税関係が生じるとすれば，実質支配関係に関する規定は懲罰的な制度であるとも位置づけられますが，木村さんは，この点について，どのようにお考えですか。

木村：形式的に条文を適用すると，そのような処理もありうるのだと思われますが，そもそも実質支配関係は合算税制の「適用外し」に対応するための規定であり，また，複数の内国法人による共同支配関係にある場合はいずれの内国法人にも実質支配関係がないと整理されていることからすれば，内国法人が合計で100％を保有しているような上記の例では，たとえ形式的には実質支配関係の要件を満たす場合でも，その適用はなく，原則どおり，保有割合に応じた合算対象金額を算定することになると解釈すべきではないかと思われます。

　他方で，上記の例において70％を保有するのが非居住者や外国法人である場合には，まさに実質支配関係の規定が適用されるのではないかと考えられます。

第12章

レンタルオフィス事件

経済活動基準に係る判断要素の整理

　本章で取り上げるレンタルオフィス事件（東京高判平成25年5月29日・税資263号順号12220）は，居住者の保有する外国法人について，外国子会社合算税制（以下「合算税制」という。）の適用除外基準（平成29年度税制改正後の経済活動基準）のうち，実体基準及び管理支配基準を満たすかどうかが争われた事案である。

　これらの基準を満たすかどうかは事実認定の問題であるが，実際の事実認定に当たっては，どのような要素が重視されるかを踏まえて検討することが重要となる。

　そこで，本章では，上記事件を取り上げるとともに，経済活動基準に係る判断要素について整理して検討することにしたい。

I　事案の概要

【図表】事実関係のイメージ

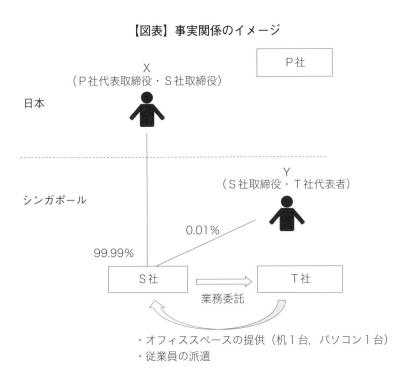

　日本法人であるP社は日本で精密機械の部品を製造するメーカーであり，シンガポール法人であるS社を通じて東南アジア地域における販売活動を行っている。P社とS社に直接の資本関係はないものの，P社の代表者であり，S社の役員でもあるX（日本の居住者）がS社の株式を99.99％保有しており，実質的な親子会社と評価しうる。なお，残りの0.01％はS社の共同役員であるY（シンガポールの居住者）が保有している。

　S社の事業の特徴として，東南アジア地域の日系企業から製品の注文を受け

た上で，これをＰ社などの工場に発注して納品する，いわゆる受注・発注による販売がなされる。特に在庫を保有する必要はなく，単に売買の間に入る商社機能が中心であり，その主な業務は顧客への営業活動のみであった。

さらに，このＳ社の業務は別のシンガポール法人でありＹが代表者であるＴ社に業務委託されていた。Ｔ社は現地企業のためにレンタルオフィスや人材派遣などのコーポレートサービスを提供する会社であり，Ｐ社やＳ社との資本関係はない。本件では，業務委託契約に基づき，Ｔ社からＳ社に対して，Ｔ社のオフィス内で机１台・パソコン１台のスペースが提供され，また，Ｔ社の従業員のうちの１名が営業スタッフとして提供されていた。

また，Ｓ社の役員はＸとＹであるが，主要株主でもあるＸは日本でＳ社の業務に従事しており，現地での業務執行はＹが行っていた。この点，ＹはＳ社の業務委託先であるＴ社の代表者であるほか，複数の現地企業の役員を兼務するものであり，Ｓ社はそのうちの１社ということであった。

以上のような事実関係の下，Ｓ社がシンガポールにおいて，①事業に必要な事務所を有するといえるか（実体基準），②現地で事業の管理支配をしているといえるか（管理支配基準）の２つの点が争われた^(注1)。

1　裁判所の判断

まず，①実体基準について，課税当局は，レンタルオフィスはＴ社の社内であってＳ社には固有の事務所といえるだけの実態がない旨の主張をした。これに対して，東京高裁は，レンタルオフィスであっても専用のスペースを使用できる権原があればよく，また，その規模は事業の内容に応じたもので十分であり，本件のように営業スタッフがいれば業務を行える場合は机１台・パソコン１台の小規模なスペースでも実体基準は満たされると判断した。

次に，②管理支配基準について，課税当局は，現地の役員ＹはＴ社の代表者として複数の会社の役員を兼務する者であり，Ｓ社の管理支配がなされていた場所は主要株主である役員Ｘが居住する日本である旨の主張をした。これに対して，東京高裁は，管理支配基準が独立企業としての実体があるかどうかを判

断する基準であることを踏まえて，その判断要素として，以下のものを示した。

「事業を行うために必要な常勤役員及び従業員が存在していることが必要であり，かつ，特定外国子会社等の業務執行に関する意思決定及びその決定に基づく具体的な業務の執行が親会社等から独立して行われていると認められるか否かについては，特定外国子会社等の株主総会及び取締役会の開催，役員としての職務執行，会計帳簿の作成及び保管等が行われている場所等を総合的に勘案することが必要である。」

その上で，東京高裁は，現地で株主総会等が開催されており，Ｙも現地で実質的な業務執行を行っていたと認められることから，管理支配基準も満たされると判断した。

2　若干の検討

事業に必要な事務所を有するといえるためには，物件を所有する必要はなく，その賃借でよいことは当然であるが，建物の独立した一区画の賃借ではなく，その一部の専用スペースでも足りると判断されたことに本判決の意義があると解される。

また，本判決では，現地で事業を管理支配しているといえるための判断要素が整理されている。具体的には，(ⅰ)事業に必要な常勤役員及び従業員が存在していること（人員要件），(ⅱ)業務執行に関する意思決定及びその決定に基づく具体的な業務の執行が独立して行われていること（独立性要件）の２つの要件を満たす必要があると整理された上で，(ⅱ)の判断に当たっては，(a)意思決定の場所（株主総会及び取締役会の開催場所），(b)役員による職務執行の場所，(c)会計帳簿が作成・保管されている場所を総合的に考慮することが示された。このような整理は実務において参考になると解される。

Ⅱ　経済活動基準に係る事実認定

以下では，本判決も踏まえて，４つの経済活動基準に係る判断要素について

整理して検討することにしたい。

1　事業基準

　事業基準を満たすためには，主たる事業が一定の列挙された受動的な事業に該当しないことが必要であるが，ここでいう事業の判定は，原則として，日本標準産業分類の分類を基準としてなされる（措通66の6－17）。なお，日本標準産業分類は総務省のウェブサイトにおいて公開されている^(注2)。

　複数の事業が営まれている場合は，①各事業からの収入又は所得金額，②各事業に要する使用人の数，③事務所等の固定施設の状況等を総合的に勘案して主たる事業を判定することになる。

　なお，主たる事業が株式保有業であると判定される場合，さらに統括会社の要件を満たすかどうかを検討することになる。

2　実体基準

　実体基準を満たすためには，まずは事務所として，専用のスペースを有するかを検討することになる。この点，近年では，専用スペースのないシェアオフィスを活用する動きが広がっているが，そのような場合には実体基準を満たさないと判断される可能性もありうる。そこで，小規模であっても専用スペースがあるというのが最低限のメルクマールになるものと解される。

　その上で，事業の内容，業種・形態に応じて必要な規模の事務所であるかを検討することになる。例えば，香港・シンガポールなどのオフィスコストが高い国・地域に統括機能を持つ子会社を有する場合，専従者が業務を行うのに最低限必要な専用スペースが確保できるレンタルオフィスを活用することや専従者の自宅の一部をオフィスとして活用することなどが考えられるが，そのようなケースでも実体基準は満たされるものと解される。

3　管理支配基準

　管理支配基準を満たすためには，本判決の枠組みに従い，人員要件と独立性

要件を満たす必要がある。

　まず，人員要件は，事業に必要な常勤役員と従業員が現地に存在していることである。ここでいう従業員については，直接雇用する者のほか，派遣や出向によって受け入れる者も含まれると解される。また，事業の内容によっては従業員を必要としない場合もありうると解され，その場合には最低限常勤役員が必要ということになる。

　そこで，重要となるのが現地での常勤役員であるが，ここでいう常勤役員については，必ずしもその会社だけに専従する者でなくてもよいと解され，また，週に数日事務所に出勤する者でなくても，役員として常時業務執行しうる状態にある者であればよいと解される。

　次に，独立性要件は，(a)意思決定の場所（株主総会及び取締役会の開催場所），(b)役員による職務執行の場所，(c)会計帳簿が作成・保管されている場所が総合的に考慮される。総合的に考慮するといっても，その重要性には差があると見るべきであり，一般的には，最も重要な判断要素となるのは，意思決定の場所，中でも取締役会の開催場所であると解される。

　取締役会が現地で開催されたと認められるためには，必ずしも役員全員が現地に集合する必要はなく，会議の主宰者である議長が現地に所在しており，必要な書類が現地で作成されることで足りると解される。特に近年ではオンライン会議を活用する企業も増えており，そのホストが現地の役員であれば現地で会議が開催されたと考えられる。

　なお，株主総会の開催場所も判断要素の１つではあるが，所有と経営の分離という観点からすれば，取締役会がより重要であると考えられる。ただし，そうはいっても，100％親子会社のように，事実上，株主である親会社の意向が子会社の経営に重要な影響を及ぼすことはありうる。そこで，株主総会についても，現地で開催されることが望ましい。ここでも株主全員が現地で参加することは不要であり，会議の主宰者である議長が現地に所在しており，必要な書類が現地で作成されることで足りると解される。

　次に，役員が職務執行している場所も判断要素の１つとなる。この点，職務

執行のすべてが現地でなされていることまでは必要ないものの，その重要な一部が現地でなされていることで肯定的な判断につながるものと解される。

　最後に，会計帳簿が作成・保管されている場所も判断要素の1つとなる。もっとも，これは付随的なものであり，それほど重要な判断要素ではないと考えられる。現地で作成・保管されているといえるためには，必ずしも自社で行う必要はなく，外部委託であってもよいと解されることから，現地の事務所に委託をする場合であっても肯定的な判断につながるものと解される。

4　非関連者基準・所在地国基準

　特定の業種（金融業，卸売業，運送業等）の場合，非関連者基準が適用され，主たる事業に係る非関連者との取引高が50％超であることが必要である。この基準はある程度客観的なものであり，判定が困難であるという事態は生じにくいと考えられる。

　これに対して，その他の業種の場合には，所在地国基準が適用され，主たる事業を主として本店所在地国において行っていることが必要である。その判断に当たっては，その事業に必要な人的資本・物的資本が主に国内に投下されているかを検討することになる。もっとも，製造業については，国外に自社工場や協力工場を有することもあり，そのような場合には，工場設備，原材料，製造・品質管理など，製造における重要な業務にどの程度主体的に関与しているかを検討することになる。

III　まとめ

　各国が企業誘致のために法人税の税率を引き下げる状況において，外国子会社の税負担割合が30％未満になることは一般的であり，20％未満になることも珍しくない。税負担割合が20％未満の場合，4つの経済活動基準をすべて満たさなければ会社単位の合算課税制度が適用されることになる。税負担割合が20％以上（30％未満）の場合も，少なくとも実体基準又は管理支配基準のいず

れかを満たす必要がある。

　合算税制の適用の有無によって税額が大きく異なる可能性があるため，これ
らの基準を満たすかどうかを事前に検討しておくことは重要である。その際に
は，どのような要素が判断に当たって重視されるかを適切に踏まえた検討が必
要である。また，そのような検討に加えて，将来の税務調査に備えた資料を準
備しておくことも重要といえる。

（注1）　事案の概要につき，川端康之「判批」ジュリスト臨時増刊1466号『平成25年度重要判例解
　　　説』（2014年）218頁，本庄資「判批」『ジュリスト』1472号（2014年）127頁参照。
（注2）　日本標準産業分類（総務省ホームページ）https://www.soumu.go.jp/toukei_toukatsu/
　　　index/seido/sangyo/index.htm。

対 話 編

I　本判決の意義──法律家の観点から

佐藤：立証責任について，高裁が，合算税制の適用除外要件に関する立証責任
は国側が負担する，とした点に対しては，国税当局関係の方は抵抗があるよ
うです。例えば，高裁判決は，国側は，租税条約に基づく情報交換制度の活
用によって情報を収集することもできるだろう，という点も強調しています
が，これに対しては，情報交換の制度は，実際にはそれほど有効に機能しな
い，という話を聞いたこともあります。

　こうした指摘も理解できないではないのですが，他方で，判決が言うよう
に，そもそも合算税制は，他国の主権に属する法人の所得を日本の法人の所
得に合算して課税するという，かなり大胆な制度であるという点も否定でき
ないと思われ，私自身は，高裁の判断に納得しています。この点について，
木村さんはどのようにお考えでしょうか。

木村：まず，一般論になりますが，立証責任について，課税要件の充足の有無
についてはすべて原則的には国側に立証責任があるというのが確立した考え
方であり，相当であると思われます。ただ，他方で，証拠偏在の考え方によ
り，より証拠に近い立場にある納税者側が本来有しているはずの資料を提出
しない場合には，そのような不提出が不利に考慮される結果，事実上立証責
任が転換するということはありうると思います。

　その上で，合算税制の適用除外要件については，確かに，国家主権の問題
があって，純粋に国内で証拠収集するのとは異なり，当局にとっても証拠収
集が難しいという側面があることは否定できません。ただ，それでも，個別
の案件ごとに深度ある調査を実施した上で，事実関係や証拠関係を積み上げ
ていって立証に成功するということは不可能ではありません。したがって，
海外であるからという理由で，立証責任を緩和すべきではなく，当局として

は海外である場合には通常よりもリソースを割いて深度ある調査を実施すべきであり，それが本来のあり方ではないかというのが私の意見です。

II　実体基準

野田：実体基準を満たすには事務所が必要とのことですが，従業員の居宅を事務所にする場合，どのような要件が必要でしょうか。

　　この点，PE に関する議論では，PE 該当性が認められるには，「事業を行うために，企業が自らの意思に基づき自由に使用できる一定の場所で，当該場所を通じて事業を行うことができること」が必要とされています。そこで，従業員の居宅が PE と認められるためには，会社の意思で当該従業員の居宅を事業に利用できることの合意が成立していることが求められます。合算税制における実体基準の判断についても，PE 該当性の判断と同様に，会社の意思に応じて，その居宅を事業に利用することが合意されている必要があると考えられますか。

木村：そのような合意があることは当然必要であり，それ以上に会社のために使用できる独立したスペースが確保されていることが必要とされる可能性もあるのではないかと思われます。この点，当局の立場からは，PE 該当性は柔軟に認定されやすい傾向にあると思われますが，逆に，実体基準は厳格に判断されやすいのではないかと考えられますので，より慎重な対応が必要と思われます。

III　管理支配基準

野田：解説編では，管理支配基準のうちの人員要件について，事業の内容によっては従業員を必要としない場合もありうると解され，その場合には最低限常勤役員が必要である旨が述べられています。この点，例えば，小規模な外国子会社の場合，日本に常駐している日本の親会社の社長が外国子会社の

代表者を兼任するといったケースがあります。

　また，独立性要件についても述べられていますが，近時では，IT技術の発達によりWebを利用したビジネスモデルが確立されつつあり，役員としての業務執行の多くが日本で完結することが考えられます。

　このような場合，管理支配基準を満たすためにはどのような解決策が考えられますか。

木村：小規模であっても，現地で会社を設立する以上は，現地で果たすべき機能があるはずであり，そのために業務執行者である役員が必要なはずです。小規模である，あるいはWebで完結するといった理由で現地の役員による業務執行が不要であるとすれば，そもそも現地の会社の必要性に疑問があるようにも思います。そうすると，管理支配基準を満たすためには，やはりきちんと現地に居住して業務執行をする役員を選任するということよりほかないと思われます。

　なお，現地で会社を設立する目的の中には，現地法人が（実態はともかくとして，名義上は）契約の当事者になる必要があるという事業上の目的も考えられます。その場合でも，同様に，現地で人員要件を満たさなければ合算税制の適用対象にならざるを得ないと思われます。ただし，この場合は，現地法人に帰属すべき利益は最小限なものになると考えられます。

IV　個人に対する合算税制の適用

佐藤：この事案は，法人税ではなく個人の所得税について合算税制を適用した事案であるという点で，裁判で問題となる事例としては，珍しいケースかと思います。私は恥ずかしながら，この事件に触れるまで，個人にも合算税制の適用があることを知りませんでした。

　個人の所得税であるだけに，本件の調査は，現場の税務署が行い，大規模法人を所管する東京国税局の国際セクションや国税庁の調査課が関与しなかったことも，課税庁の敗訴の理由ではないか，という声も聞いたことがあ

ります。この点について，木村さんはどのようにお考えでしょうか。

木村：確かに，個人に対する合算税制の適用が問題になるのは珍しいと思われ
ますが，実際には，海外での資産管理会社など，個人が外国法人を保有する
ケースは多く，合算税制の適用が問題となりうる場面は多いのではないかと
思われます。そして，個人の場合は合算税制の適用を失念していることも多
いと考えられますので，特に注意が必要と思われます。

　なお，個人に対して合算税制が適用される場合，その所得区分は雑所得と
なり，総合課税の提要として累進税率が適用されますので，法人の場合以上
に重い税負担になる可能性があります。その点でも注意が必要であると思わ
れます。

　ご質問の点につきまして，先ほどのコメントにも関係しますが，個人の事
案の場合，法人の事案以上に資料の収集が困難であることも珍しくなく，よ
り一層リソースを割いて深度ある調査を実施する必要がある場合もあるとい
えます。この点，税務署の所得課税部門ではやはり限界がありますので，組
織内の垣根を越えて，本来は法人税調査を担当する国税局の国際部門が関与
することも検討が必要かもしれません。

第13章

ユニバーサルミュージック事件

国外への支払利子の損金算入制限

　本章で取り上げるユニバーサルミュージック事件（東京高判令和２年６月24日・裁判所ウェブサイト）は，国際的な企業集団の再編（グループ再編）に伴って内国法人から国外関連者である外国法人に対する多額の利子の支払が生じたこと（それにより内国法人の法人税の額が減少したこと）について，同族会社の行為計算否認規定（法法132①）の適用要件である「不当性要件」が争われた事案である。

　内国法人が国外に支払う利子については，内国法人の課税所得を減少させる一方で，これを受け取る者に対して日本では原則として課税ができない（国内源泉所得として一定の範囲で制限的に課税できる余地があるにすぎない）ため，これが過剰になされるとすれば，課税所得が国外に移転し，日本の税源が不当に浸食される。そのようなことから，国外への支払利子については，損金算入を制限するための各種の特別の規定が設けられている。

　本件では，支払利子に係る個別の否認規定である過少資本税制や過大支払利子税制の適用がなく，一般的な否認規定である同族会社の行為計算否認規定の適用が争われたものであるが，実際の検討に当たっては，これらの規定を１つひとつ検討することが必要である。そこで，本章では，行為計算否認規定について検討するとともに，個別の否認規定についてもあわせて整理して検討することとしたい。

I　事案の概要

　本件は，フランスに本社があり，音楽関連事業などを営む企業グループであるユニバーサルミュージック社のグループ再編に伴って設立された日本の内国法人Xが，グループ内で他の内国法人の株式を取得するために多額の資金を国外関連者である外国法人から借り入れたことにより，Xにおいて外国法人に対する多額の支払利子が生じた（その後，Xが株式を取得した内国法人と合併することで，結果として国内事業の収益から多額の支払利子が控除されることとなった）ものである（**図表**参照）^(注1)。

【図表】組織再編のイメージ

　この点，株式取得のための資金調達の方法としては，主に増資と借入れの2つの方法が考えられるが，借入れを多くすればするほど支払利子が多くなり，日本における課税所得が減少することになる。そこで，Xは，後述する過少資本税制が適用されない範囲で多額の借入れをすることで株式取得のための資金を調達した。

　一般に，買収の対象会社である内国法人の株式を取得する場合，直接対象会社の株式を取得するのではなく，そのための買収ビークルとして別途内国法人を設立した上で，当該内国法人を通じて間接的に対象会社の株式の取得が行われる。その取得資金については，買収ビークルである内国法人が借入れをして，株式取得後に対象会社と合併するなどして，将来にわたって対象会社の収益から当該借入れに係る支払利子を控除することにより税負担を軽減するというスキームが組まれることがある（このような手法はデットプッシュダウンなどと呼ばれる。）。

　本件でも，これと同様に，株式取得のための資金をXが借り入れることで，その後の合併などを通じて，結果として日本における税負担の軽減が図られることになった。しかも，その借入先は国外関連者たる外国法人であり，課税庁としては，国外関連者への支払利子が生じることになる借入れを伴うグループ再編は不当に法人税を減少させるものとして，同族会社の行為計算否認規定を適用して課税処分を行った。

　同規定は，法人の行為又は計算を容認すると法人税の負担を不当に減少させる結果となる場合に，その行為又は計算を否認することを課税庁に認めるものである。ここでいう「不当に」という不当性要件は，多分に評価の要素を含むものであって必ずしも明確なものとはいえず，本件でも，これをどのように判定するかということが争点となった。

1　裁判所の判断

　東京高裁は，原審（東京地判令和元年6月27日・税資269号順号13286）の結論を維持したものであるが，争点である不当性要件の判定に当たっては，以下

の事情を考慮した上で，グループ再編の一環としてなされたＸの借入れが経済
的合理性を欠くものであるか否かを判断すべきとした。

① 　Ｘの借入れを伴うグループ再編が通常は想定されない手順や手法に基づい
たり，実態とは乖離した形式を作出したりするなど，不自然なものであるか
どうか（不自然性基準）

② 　税負担の減少以外にＸの借入れを伴うグループ再編を行うことの合理的な
理由となる事業目的が存するかどうか（合理的目的基準）

　その上で，東京高裁は，本件のグループ再編には８つの目的があり，これら
の目的に照らすと，グループ再編に伴うＸの借入れは不自然なものではなく，
合理的な理由となる事業目的も認められるとして，本件借入れは経済的合理性
を欠くものではないと判示した。

2　若干の検討

　一般的な否認規定である同族会社の行為計算否認規定については，近年，同
様の規定である組織再編成に係る行為計算否認規定（法法132の２）とあわせ
て訴訟で争われるケースが増えている。これらの規定を適用するためには，
「不当に」という不当性要件を満たす必要があるが，同要件はいわゆる規範的
要件であり，その判定に当たっては事実関係を総合的に評価する必要がある。
そして，その評価の際に重要な指針となるのが裁判所によって示される判断基
準である。

　不当性要件の判断基準に関するリーディングケースは，組織再編成に係る行
為計算否認規定の適用が争われたヤフー事件（最判平成28年２月29日・税資
266号順号12813）である。同事件において，最高裁は，問題となる行為が組織
再編税制に係る各規定を濫用すると認められる場合に不当性要件が満たされる
と判示したが，その判断に当たっては，組織再編成が不自然なものであるかど
うか（不自然性基準），また，組織再編成に合理的な理由となる事業目的が存
するか（合理的目的基準）を考慮すべきとされた。

　このような判断基準は，同族会社の行為計算否認規定の不当性要件を判定す

る上でも同様であると解され，ユニバーサルミュージック事件で東京高裁がヤフー事件と同様の判断基準を示したことは正当であると考えられる^(注2)。そこで，同族会社が問題となる場合でも，組織再編成が問題となる場合でも，これらの判決で示された判断基準に従い，事実関係を整理して検討しておくことが重要である。

　具体的には，組織再編成その他の行為を実施するに当たって，当該行為の目的について網羅的に整理した上で，その目的を達成するために一般的に用いられると考えられる手順や手法，法形式について比較検討し，これらのうちから特定の選択をすることについての合理的な理由を整理して検討しておくことが重要であると解される。

II　過少資本税制

1　制度の概要

　外国法人である親会社が内国法人である子会社に資金提供するに当たって，資本金（資本勘定）とした場合には，これに対する支払配当は損金算入できないのに対して，貸付金（負債勘定）とした場合，これに対する支払利子は損金算入できる。他方で，受取利子は外国親会社の所在地国で課税される可能性はあるが，日本のほうが法人税の税率が高い場合などには，資本金を少なくし，貸付金を多くすることで，日本での税負担を軽減し，グループ全体での税負担の軽減を図るというインセンティブが働くことになる。

　これが過剰になされると不当に日本の法人税が減少する結果になるため，そのような租税回避の防止を目的として，過少資本税制が設けられている（措法66の5①）。この制度は，内国子会社における外国親会社に係る資本と負債が一定の倍率（原則として1：3）を超える負債（の平均残高）に対応する支払利子については損金算入を認めないこととするものである。

　なお，これは形式的な基準であるため，資本と負債の割合を任意に設定する

ことも容易な親子会社間では，上記倍率を超えないように調整した上で，最大限負債を多くするといったことも可能である。ユニバーサルミュージック事件でも，資本金約295億円，貸付金約866億円とされ，ほぼ上限の枠内で過少資本税制の適用要件を満たさなかった。

このように，過少資本税制のみでは十分に租税回避に対応することができない事態が生じる可能性があることから，平成24年度税制改正により，後述する過大支払利子税制が新設された。もっとも，ユニバーサルミュージック事件では，その改正前に支払利子が生じていたため，課税庁としては，行為計算否認規定を適用せざるを得なかったものである。

2　租税条約との関係

国外への支払利子については，日本の国内源泉所得として源泉徴収課税がなされうるが，これは租税条約による減免の余地がある。このことは，過少資本税制によって損金算入が否認される場合であっても同様である。

なお，過少資本税制が適用される場合，必ずしも外国親会社の所在地国で課税が減免されるわけではなく，実質的な二重課税が生じる余地がある。しかしながら，これは異なる納税義務者（日本では子会社，外国では親会社）に対する経済的二重課税であり，租税条約によって調整されるものではない。

ただし，過少資本税制は，国外への支払利子のみ損金算入を制限するものであり，租税条約の締約国との間で内外無差別条項に違反する余地がある。これについては，過少資本税制が独立企業原則と適合的である限り，同条項に違反するものではないと解されている。そこで，独立企業原則と適合的な利子の支払であるにもかかわらず，国外への支払利子の損金算入が否認される場合には，同条項違反の問題が生じうるものと解される。

3　実務上の留意点

外国企業が日本で子会社を保有しており，その親会社の所在地国における受取利子に対する税負担が軽い場合，上記倍率を超えない範囲でなるべく多くの

貸付金によって子会社に資金提供することが考えられる。もっとも、過少資本税制が適用されないとしても、後述する過大支払利子税制が適用される余地はあり、さらには同族会社の行為計算否認規定が適用される余地もあることに留意が必要である。

　また、法人税の負担のみならず、国外への支払利子に係る源泉徴収課税も踏まえた総合的な判断が求められる。

III　過大支払利子税制

1　制度の概要

　支払利子が損金算入されることを利用し、国外関連者に対する過大な支払利子を損金に計上することで税負担を圧縮する租税回避行為が可能となるところ、前述のとおり、資本と負債の比率という形式的な基準で適用される過少資本税制では限界があった。そこで、平成24年度税制改正により、所得金額に比して過大な利子を支払うことによる租税回避を防止するため、過大支払利子税制が創設された（なお、同制度は、BEPS プロジェクトの影響を受け、平成31年度税制改正によって強化され、現在に至っている。）。

　この制度では、内国法人の純支払利子（支払利子からこれに対応する受取利子を控除したもの）のうち、調整所得金額（課税所得に純支払利子、減価償却費、貸倒損失などを加算した所得金額）の20％を超える部分の金額について損金算入が否認される。ただし、デミニマスルールとして、純支払利子が2,000万円以下である場合には適用が免除される。また、内国法人グループ全体での支払利子のネット金額が調整所得金額の20％以下である場合にも適用免除が認められる。

2　租税条約との関係

　過大支払利子税制によって損金算入が否認される場合も、過少資本税制の場

合と同様，支払利子に係る源泉徴収課税について租税条約による減免の余地がある。もっとも，独立企業原則に基づいた適正な額を超える過大な利子が支払われる場合，その超える部分については租税条約の恩恵を受けることができず，国内法に基づく源泉徴収課税がなされることになる。

3　実務上の留意点

　過大支払利子税制は所得金額との比較で適用がなされるものであり，過少資本税制よりも適用範囲が広くなる余地があるため，その適用要件についてより慎重に検討が必要である。例えば，M＆Aやグループ再編などの場面では，内国法人に多額の借入れが生じることも少なくないが，その実施に当たっては，最終的な収支を踏まえて，同税制の適用関係を検討する必要がある。

　なお，内国法人に資金提供する方法には，資本金・貸付金のほか，匿名組合出資金という方法もある。これに対する分配金は損金算入が認められる一方で，過大支払利子税制の適用はないと解される。もっとも，匿名組合分配金は国内源泉所得として利子所得とは異なる課税関係が定められており，これに対する租税条約の適用関係も異なりうるため，総合的な課税関係の検討が必要である。

IV　まとめ

　国際的なグループ再編においては，国外への支払利子その他の課税所得の移転が伴うことも珍しくない。この場合，過少資本税制・過大支払利子税制といった個別の否認規定の適用要件について検討するとともに，一般的な否認規定である行為計算否認規定の適用について検討することが必要である。その際には，裁判所によって示された基準を踏まえて，事前に事実関係の整理をしておくことが重要である。

●────────────────────

(注1)　事案の概要につき，吉村政穂「判批」『税務弘報』69巻1号（2021年）137頁，谷口勢津夫「判批」『ジュリスト』1554号（2021年）10頁参照。

(注2)　同族会社の行為計算否認規定と組織再編成に係る行為計算否認規定の文言が同じであることから，基本的には不当性要件の判断に当たっては，同じ基準（すなわち，不自然性基準と合理的目的基準）が用いられることになると解される。もっとも，両規定はその趣旨を異にすることから，異なる判断要素が用いられうる。吉村・前掲（注1）143頁参照。

I　行為計算否認規定の適用基準

佐藤：高裁判決は，同族会社の行為計算否認規定（法法132）を適用するに当たり，同条とは異なる否認規定である組織再編成に係る行為計算否認規定（法法132の2）の適用基準として最高裁がヤフー事件判決で示した考え方を採用しました。しかし，従来，法人税法132条の裁判例では，純経済人の取引として不自然・不合理かどうか，という点を基準とするものが多くを占めており（本件の一審判決も同様です。），高裁判決の判断は斬新な面があろうかと思われます。背景として，ヤフー事件最高裁判決に調査官とした関与した林史高判事が高裁の合議体に加わっていたことがあるのかもしれません。

　納税者の予測可能性という観点から少し疑問なのは，（そもそも行為計算否認規定が適用されること自体が予測可能性を害することはひとまず置くとして，）高裁判決は，本件のように組織再編成の一環として借入れが行われたようなケースではヤフー事件と同様の基準で判断する，とするもののようで，趣旨は理解できるものの，ケース・バイ・ケースであるとすれば，納税者が目の前でどうしようか悩んでいるケースで，従来の基準と，今回の高裁判決の示した基準のどちらが適用されるのか（例えば，組織再編成の一環としてではあるが，借入れではなくて増資が問題となった場合はどうなのか，など）が明確ではないように思われる点です。

　ちなみに，ヤフー事件の地裁判決を読むと，同事件で提出された租税法学者の鑑定意見書においては，132条の2についても，132条と同様，純経済人の取引として不自然・不合理かどうかという基準で判断すべきとする考え方が有力であったことが窺われます。そのような点も考えると，（従来の132条の基準で行くのか，ヤフー事件の基準で行くかは別として，）2つの条文を同じように解釈すべきではないか，という考え方も十分ありうるところです。

本件の高裁判決は，組織再編成が関係する場面では，ヤフー事件の基準で統一すべきだ，という方向性のものでしょうか。

　本件は，国側が上告受理申立てをしているようであり，最高裁判決が示される可能性もありますが，不受理の可能性もあり，その場合には，高裁判決の射程が今後問題になるかもしれません。

木村：ご指摘のとおり，納税者にとって，経済活動を円滑に行う上では，予測可能性が確保されることが重要です。そのためには，どのような基準で否認規定が適用されるかが明確にされるべきといえます。この点，今は過渡期にあるのかもしれませんが，こうした裁判例が集積することで，行為計算否認規定の適用基準がより明確になっていくことを期待しています。

　なお，これはあくまでも私見ですが，租税回避の否認規定というのは，実は「根っこ」は同じであり，132条も132条の２も，さらに言うと，租税条約におけるPPTも，「不当に」「趣旨目的に反する」といった評価的な概念が適用要件とされています。これは，形式的には法の条文に合致しているものの，実質的には，すなわち租税正義（租税負担の公平）の観点から不当と考えられる場合に，課税権を確保するためのものといえます。ここでいう不当とは，租税正義に反する行為態様（通常は用いられないような人為的な手段を用いること）で課税の軽減を図ることを意味しており，これを許容するとすれば，言わば正直者が損をする（多くの租税を負担する）社会になってしまうため，そのような事態を避けるためのバックストップとして機能するのが租税回避の否認規定ではないかと考えております。

　租税正義に反するというのを言い換えると，結局，行為の不自然性，目的の不合理性といった要素に還元されるのではないかと思われます。その意味で，否認規定の適用基準を定める上でいろいろと表現の方法はあるとしても，その実質は基本的に同じではないかと考えております。そこで，実務的には，納税者としては，ある法形式の選択をするに当たって，その選択が合理的な目的に合致していて自然であることを説明できるように整理しておくことが否認規定の適用を受けないために重要ではないかと思われます。

第14章

塩野義製薬事件

海外における組織再編成と日本における課税関係

　本章で取り上げる塩野義製薬事件（東京高判令和３年４月14日・判例集末掲載）は，日本の内国法人が海外で組成したパートナーシップの持分を外国法人に現物出資した際に，これが適格現物出資（法法２十二の十四）として課税の繰延べ（法法62の４①）が認められるか否かが争われた事案である。

　経済活動がグローバル化した中，事業環境の変化にあわせて，企業が海外で設立した法人や組成した事業体について組織再編成するということも珍しくない。その場合，日本の内国法人が保有する株式その他の資産の移転が伴うとすれば，その含み益について日本における課税が問題となる。

　この点，組織再編成が組織再編税制の適格要件を満たす場合には，課税の繰延べが認められることになる。本件は現物出資が問題となったが，組織再編成には合併・会社分割や現物分配など多様なものがある。これらの組織再編成が国内で完結する場合には基本的な適用要件に留意すればよいが，海外が関係する場合には異なる考慮を要する。

　そこで，本章では，海外における組織再編成について，日本における課税関係の要点を整理して検討することとしたい。

I 事案の概要

　本件は，日本の製薬会社であるＸが海外の製薬会社と共同で新薬事業を展開するため，ジョイントベンチャー（JV）として海外において法人格のない事業体であるパートナーシップ（以下「本件LP」という。）を組成した後，新薬開発が進展した段階で本件LPの持分を英国子会社（外国法人）に現物出資した（以下「本件現物出資」という。）ものである（**図表**参照）^(注1)。

【図表】本件のイメージ

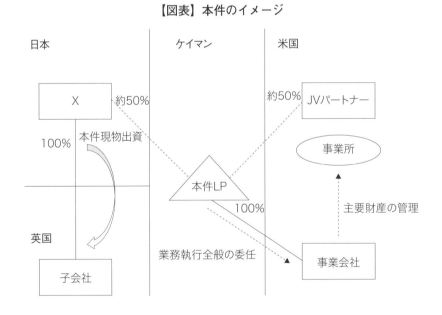

　本件現物出資によって移転された持分には多額の含み益があったが，その移転は共同事業を行うためのものであり，適格現物出資と認められるための基本的な要件を満たしていた。ところが，適格現物出資の対象資産からは「国内に

ある事業所に属する資産」（法令4の3⑩）が明示的に除かれているため，これに該当するか否かが問題となった。

　具体的には，①そもそも本件現物出資の対象資産は何であるか，また，②当該資産は国内事業所に属するか否かが主たる争点となった。

　この点，課税庁は，対象資産は本件LPの持分そのものであり，当該持分はXの本社で記帳され，管理がなされていたことから，国内事業所に属するとの主張をした。これに対して，Xは，対象資産は持分それ自体ではなく，本件LPに属する事業用財産（の共有持分）であることを前提に，本件LPの業務執行全般は本件LPが全株式を保有する事業会社（米国法人）に委任されており，その事業用財産が実際に管理されていたのは米国に所在するJVパートナー側の事業所であることから，国内事業所に属するものではないとの主張をした。

1　裁判所の判断

　東京高裁は，基本的にXの主張を認めた原審（東京地判令和2年3月11日・判タ1482号154頁）を維持し，まず，①について，対象資産は本件LPの持分であると解した上で，その内実は事業用財産の共有持分とパートナーとしての契約上の地位が不可分に結合されたものであるとの判断をした。そして，②について，対象資産が属する事業所は，その経常的な管理が行われる場所によって判定すべきとの基準を示した上で，本件LPの持分に係る価値の源泉は事業用財産の共有持分であることから，その主要なものの経常的な管理が行われる事業所に属すると見るのが相当であると判示した。

　以上を踏まえて，東京高裁は，無形資産等で構成される本件LPの主要財産については，米国その他海外に所在するJVパートナー側の事業所で経常的に管理されていると認定し，当該事業所は本件LPのパートナーであるXの事業所であるといえることから，結論として，対象資産は国内の事業所に属するものではないとした。

2　若干の検討

　まず，対象資産については，課税庁の指摘するように本件 LP の持分である
としても，日本法でいう組合に類似した法人格のない事業体である本件 LP の
法的性質に照らすと，東京地裁が正当に指摘したように，持分の実質である事
業用財産（の共有持分）こそが本件現物出資の対象資産になるものと解される。
　それでは，本件 LP の事業用財産はどの事業所に属するといえるか。この点，
帰属については実質的な観点から判定すべきと解されることから，東京高裁が
指摘するように，主要財産の経常的な管理の場所によって判定すること自体は
正当といえる。
　しかしながら，「管理」といっても，担当者として日常的な管理業務を実施
するにすぎない者もいれば，責任者としてその意思決定をする者もいる。また，
内部で自己のために財産を管理する場合もあれば，外部で他人のために財産を
管理する場合もある。そこで，より具体的な基準として，内部において自己の
ために財産を管理する責任者が所属する事業所に当該財産が属するものと判定
することが相当であると解される。
　以上のように解すると，本件 LP の主要財産が海外に所在する JV パートナー
側の事業所で経常的に管理されていたことをもって，直ちに本件 LP の事業用
財産が海外事業所に属すると認定することには疑問が残る。すなわち，これら
の海外事業所は本件 LP の事業所ではなく，その外部で本件 LP のために財産
を管理する事業所であると認められるのであり，本件 LP のために財産の管理
がなされている事業所であるからといって，必ずしもその事業所が本件 LP
（ひいては X）の事業所になるものではないと考えられる[注2]。

II　組織再編税制総論

　企業の組織再編成として用いられるのは典型的には合併や会社分割であるが，
本件で問題となったように現物出資や現物分配が用いられることも多い。これ

らの組織再編成の際には法人間で資産の移転が伴うことが通常であるといえるが、本来、資産が移転する際には、その含み益を清算して課税するというのが日本の税制の建付けである。

　もっとも、組織再編成には、その前後で移転する資産に対する支配が継続し、経済実態に実質的な変更がないと考えられる場合がある。そのような場合にまで含み益の清算を求めるのは相当でないことから、それらは「適格組織再編成」として、移転資産の譲渡損益と株主における株式の譲渡損益の計上を繰り延べることが認められている。

　まず、完全支配関係のあるグループ内で資産が移転するのみで、実質的に外部に移転していないと見られる場合、金銭不交付と継続保有という比較的緩やかな要件で課税の繰延べが認められる（完全支配継続型）。また、完全支配関係がないとしても、一定の支配関係があるグループ内で事業の移管に伴って資産が移転する場合、これらの要件に加えて事業の移転とその継続という要件を満たすことで課税の繰延べが認められる（支配・事業継続型）。

　さらに、グループ外に資産が移転する場合であっても、当該資産が移転元と移転先の共同事業の用に供される場合、組織単位ではなく事業単位で全体を一体と見れば資産に対する実質的な支配の移転はないといいうることから、上記の要件に加えて事業関連性と同等規模又は経営参画という要件を満たすことで課税の繰延べが認められる（共同事業型）。

　以上が組織再編税制の基本的な適用要件である（ただし、現物分配については完全支配継続型のみ認められる）が、これに海外が関係する場合、以下で述べるとおり、別途考慮が必要となる。

Ⅲ　合併・会社分割

1　概　要

　会社法に基づく合併や会社分割（以下これらを併せて「合併等」という。）

は，法人が保有する資産その他の権利義務を包括的に他の法人に承継させるための制度である。合併等によって含み益のある資産が移転する場合でも，上記の基本的な要件を満たすことで，適格合併等として課税の繰延べが認められる。

　この点，法人税法上，適格合併等の適用対象となるのは「法人」間の合併等とされ，ここでは内国法人と外国法人は区別されていない（法法２十二の八など）。もっとも，日本の会社法では，内国法人と外国法人の合併等は認められておらず，海外が関係する場合として，外国法人間の合併等の取扱いが問題となる。

2　海外における合併等

　法人税法上，外国法人を除く趣旨である場合には「内国法人」という文言が用いられていることから，単に「法人」という文言が用いられる場合には外国法人が含まれると解される。そこで，外国法人間の合併等であっても適格合併等に該当しうるものと解される。

　ただし，法人税法で用いられている「合併」や「分割」については，日本の会社法の用語を借用したものと解されることから，日本法ではなく外国法に基づいてなされる合併等が法人税法上の合併等に該当するかということが問題となる。

　この点については，外国法に基づいてなされる合併等が日本の会社法に基づく合併等と本質的な点において同質性を有すると認められる場合に，法人税法上の合併等と認められるものと解される(注3)。具体的には，権利義務が包括的に承継されること（吸収合併の場合，さらに移転元の法人についての法人格が当然に消滅すること）が本質的なものであり，それと同等の法律効果を有する外国法上の法律行為が合併等に該当するものと解される(注4)。

3　実務上の留意点

　海外で子会社を整理する場合，現地の法令に基づいて合併等を行う機会は多いといえる。この場合，現地での課税関係のみならず，日本における課税関係

に留意が必要である。

　まず，日本の親会社が保有する海外子会社の株式に変動が生じうるため，その含み益に対する課税の有無を判断することが必要である。そのためには海外の合併等が適格要件を充足するか否かを検討する必要がある。すなわち，基本的な適格要件に加えて，海外の合併等が日本の会社法における合併等と本質的な同質性を有するか否かの検討が必要である。

　また，資産を移転する海外子会社において含み益が実現するため，現地での課税の有無を検討した上で，さらに日本における外国子会社合算税制の適用の有無についても検討する必要がある。この点，適格合併等の要件を充足する場合には合算対象所得には含まれないとされているが，そうでない場合には同税制の適用がありうることから，その要件についても検討が必要となる。

Ⅳ　現物出資・現物分配

1　概　要

　現物出資は法人が保有する現金以外の資産を出資によって他の法人に移転し，その対価として他の法人が発行する株式を取得するものであり，企業グループがグループ内で資本構成や事業構成を変更する場合，他の企業グループと資本結合する場合などに用いられる。また，現物分配は法人が保有する現金以外の資産を配当などによって株主に移転するものであり，企業グループ内で資本構成や事業構成を変更する場合などに用いられる。

　これらはいずれも資産の移転を伴うものであるが，日本としては，将来，さらに資産が外部に移転する際に，移転先の法人に対して課税権を行使することができる。そこで，これらが内国法人間でなされる場合は，基本的な適用要件を満たすことで課税の繰延べが認められる（ただし，現物分配については完全支配継続型のみ認められる。）。これに対して，外国法人が関係する場合には別途考慮が必要となる。

2　外国法人に対する現物出資

　現物分配によって内国法人から外国法人に資産が移転する場合，当該資産の含み益に対しては，日本はもはや居住地管轄に基づく課税権を行使することができず，源泉地管轄に基づく限定的な課税権を有するのみとなる。これが国外資産であれば，もともと優先的な課税権は源泉地にあったとも解されるが，国内資産については，本来としては日本が完全な課税権を行使することができるはずのものであった。

　このようなことから，内国法人から外国法人に対する国内資産の現物出資については，日本の課税権が制限される可能性のあるものとして，適格現物出資の対象から除外されている。ただし，当該資産が外国法人の有する日本国内の恒久的施設（PE）に帰属する場合には，日本としてはPE課税を行うことができるため，適格要件を満たすものとされている。

　ここでいう国内資産には，国内不動産，国内の事業所に属する資産（国内の事業所で経常的な管理がなされている資産），これに準じる資産が含まれる。もっとも，保有比率25％以上の外国法人株式については，仮に含み益があったとしても配当によって含み益を実現した場合には外国子会社配当益金不算入が適用されるため，もともと日本における課税が予定されていないともいえることから，国内資産からは除外されている。

3　外国法人が関係する現物分配

　外国法人に対する現物出資については，国内資産の場合に適格性が否定されるが，言い換えると，国外資産の場合には適格性が否定されない。これは現物出資の場合には対価として株式を取得することになるため，当該株式の含み益が実現した際に，言わば代替的に課税することが可能であることによる。

　これに対して，現物分配は対価性のない取引であるため，そのような代替的な課税をすることもできない。そこで，外国法人に対する現物分配については，国内資産であると国外資産であるとを問わず，一律に適格性が否定される。

　また，外国法人から内国法人に対して現物分配がなされる場合も適格性は否定され，内国法人は時価で受取配当の額を認識することになる（なお，これに対する外国子会社配当益金不算入の規定の適用はありうる。）。

　結局，適格現物分配は，内国法人間（しかも完全支配関係のある内国法人間）でなされる場合に限って認められるものであり，外国法人が関係する場合には一律に適格性が否定されることになる（**図表**参照）。

【図表】現物出資・現物分配の適格性

現物出資		
内国法人→外国法人	国内資産（PE 帰属なし）	適格性なし
	国内資産（PE 帰属あり）	適格性あり
	国外資産	適格性あり
現物分配		
内国法人→外国法人	国内・国外資産	適格性なし
外国法人→内国法人	国内・国外資産	適格性なし

V　まとめ

　国際的なグループ再編においては，法人間での資産の移転が伴うことも多い。その場合，関係する各国における課税関係をあらかじめ分析した上で再編を実施しなければ思わぬ課税が生じることになる。そこで，日本における組織再編税制の適用関係も含めて，あらかじめ各国の課税関係を網羅的に検討しておくことが重要である。

（注1）　事案の概要につき，地裁判決の評釈である岡村忠生「判批」『国際税務』40巻6号（2020年）38頁，吉村政穂「判批」『ジュリスト』1547号（2020年）10頁，佐藤修二ほか「外国籍パートナーシップ持分のクロス・ボーダー現物出資と課税」『T&A master』837号（2020年）19頁参照。
（注2）　吉村・前掲（注1）11頁も「納税者の有する事業所以外の事業所を，経常的な管理が行われている事業所として認定する難点をはらむ」と指摘する。
（注3）　佐藤修二『租税と法の接点―租税実務におけるルール・オブ・ロー』（大蔵財務協会，2020年）135頁参照。
（注4）　大阪国税局文書回答事例「英国子会社がオランダ法人と行う合併の取扱いについて」（平成31年2月18日付け）参照。

対　話　編

I　本判決の意義——法律家の観点から

佐藤：本件は，裁判所が，ケイマンの LP が日本の民法上の組合に類似することを前提に，組合はあくまで契約関係であるにすぎないという民法上の性質を重視した判断を示したものと思われます。その意味で，民法を重視する裁判例の流れから見て自然な判断であると思います。

木村：その点は私も同感です。その上で，本件では，組合財産の帰属事業所に関する事実認定として，LP の主要な資産が海外の事業所で管理されていることから，組合財産は海外事業所に帰属すると判断されています。ただ，その管理者というのが LP の組合員から組合財産について管理業務の委託を受けていたものであるとすると，実際の管理がなされている場所と組合財産の帰属事業所が乖離することもありうると思われます。

　例えば，日本の製造業者が海外の倉庫業者に製品の保管を委託する場合，その倉庫は製造業者の事業所とはいえないので，当該製品の帰属する事業所は帳簿上で在庫管理している日本の事業所と評価することになると思われます。これは組合の場合も同様であり，実際の管理がなされている場所が海外であっても，組合財産の帰属事業所は日本の事業所であると認められることもあると考えられます。

　本件の裁判例では，組合財産の帰属事業所について，財産の管理がなされている場所で判定するといった基準を示したことに意義があると思われますが，具体的な事実認定に当たっては，財産の管理がなされている組合員の事業所をどのように認定するかということが問題になるのではないかと思われます。

II　事前照会と信義則

佐藤：本件では，塩野義製薬が大阪国税局に事前照会を行っており，それにも
かかわらず課税処分を受けたことが，信義則違反ではないかと争われていま
した。この点，判決では，適格現物出資に該当するという先行する論点の段
階で塩野義製薬の主張が認められたため，事前照会の点について判断は示さ
れませんでした。ただ，こうした経緯が裁判所の心証には影響したかもしれ
ません。事前照会の運用等に与える示唆などを，国税庁出身の木村さんに伺
いたいと思います。

木村：事前に課税関係を確認する納税者からの照会に対して課税当局が何らか
の回答をした場合，それが納税者にとって有利なものであっても不利なもの
であっても，その回答どおりの課税関係が生じるものと信頼するのが通常で
す。その信頼に反して，回答とは異なる内容の課税処分がなされる場合，信
義則違反の問題が生じることになります。

　ただ，この点については，最高裁判例（最判昭和62年10月30日・訟月34巻
4号853頁）があり，信義則違反が問題になるのは，課税当局が「公的見
解」を表示した場合に限られるものとされています。すなわち，税務署長等
の権限者が公式に回答した場合には，当該回答に反する内容の課税処分は信
義則に反して違法となりえますが，それに至らない回答については，公的見
解というには不十分であり，信義則違反の問題とはならないとされています。

　納税者においては，事前に課税当局の見解を確認しておきたいというニー
ズが高い一方で，公的見解を得るというのはハードルが高いというのが実情
であると思われます。そこで，現実的には，国税局や税務署の担当者に事前
照会をして回答をもらうことが多いといえます。これは課税当局側の判断を
示すものではありますが，公的見解にまでは至らず，その回答とは異なる課
税処分がなされる可能性は否定できないといえます。本件のように，課税当
局からの回答を信頼した納税者としては，信義則違反の主張をしたくなりま

すが，上記判例に照らして，その主張が認められることは難しいと思われます。

　この点，海外に目を向けると，事前ルーリングの制度が充実している国もあり，納税者からの事前照会に対する課税当局の回答には法的拘束力が生じることが制度化されており，納税者の予測可能性の向上に貢献しています。日本にも事前照会に対する文書回答の制度がありますが，照会の内容によっては利用できず，また，照会や回答の内容が公表されるなど，利便性に欠いた面があるため，その利用は多くないというのが現状です。

　日本でも，より利便性の高い制度として，例えば，国税局に事前照会の専門部署を設置した上で，照会の内容には基本的に限定をせず，照会や回答の内容は原則非公開とし，回答には法的拘束力を持たせるといった仕組みを法制化することが検討されてよいと思われます。

第15章

武富士事件

個人に対する国際課税関係の整理

　本章で取り上げる武富士事件（最判平成23年２月18日・税資261号順号11619）は，親子間でなされた国外財産の贈与について，これが国内に住所を有しない者（非居住者）に対する贈与として贈与税の課税対象外となるかが争われた事案である。同事件は，贈与税回避の意図が窺われるケースで最高裁が高額の課税処分を取り消したものとして世間の注目を集めた。

　本書では，これまで主に企業が直面する国際課税上の諸問題を取り上げてきたが，個人たる企業のオーナー等にとって，事業承継や財産承継との関係で，住所の有無等をめぐって国際課税上の問題が生じることも多い。特にこの分野では，近年，贈与税・相続税の納税義務の範囲拡張や国外転出時課税制度の創設など，国の課税権を強化する重要な税制改正が相次いでなされている。

　そこで，最終章となる本章では，住所の有無等をめぐって問題となる個人に対する国際課税関係を整理して検討することにしたい。

I　事案の概要

　Xは，平成11年12月，両親からその保有するオランダ法人の出資口の贈与を受けた。Xはその当時，日本と香港の双方に居宅を有しており，これらを行ったり来たりする生活を送っていた。上記贈与については，その当時の相続税法上，Xの住所が日本国内にある（居住者である）と認められた場合は贈与税の納税義務が生じるのに対して，日本国外にある（非居住者である）と認められた場合はその対象外になるとされていた。

　Xが日本と香港を行ったり来たりしていたのは，あえて日本の非居住者となることで国外財産の贈与に係る贈与税の課税を回避する意図があったものと疑われた事案であり，課税庁はXの住所が日本にあるとして課税処分を行った。これに対して，Xは，香港に住所があるとして課税処分を争った。

　このように，本件では，Xがいずれの国に住所を有するかという点が争われたが，その前提として，相続税法上の「住所」をどのように解釈するかという点が争われた^(注1)。

1　裁判所の判断

　裁判所（最高裁）は，まず，相続税法上の住所の解釈として，「生活の本拠，すなわち，その者の生活に最も関係の深い一般的生活，全生活の中心を指すものであり，一定の場所がある者の住所であるか否かは，客観的に生活の本拠たる実体を具備しているか否かにより決すべきものと解するのが相当である」と判示した。その上で，本件における事実認定として，Xの生活の本拠は香港の居宅であり，香港に住所があることを認めた。

　さらに，裁判所は，本件において贈与税回避の意図が窺われることについて，「一定の場所が住所に当たるか否かは，客観的に生活の本拠たる実体を具備し

ているか否かによって決すべきものであり，主観的に贈与税回避の目的があったとしても，客観的な生活の実体が消滅するものではない」とし，贈与税回避の問題については立法によって対処すべき旨を判示した。

2　若干の検討

　租税法律主義（憲法84）の下では，法律が規定する納税義務を課すための要件（課税要件）は明確であるべきであり，その要件に当てはまらない限り，たとえそれを回避する目的が認められたとしても，これを否認する（課税要件を充足するものとみなす）ための特別の規定がなければ課税することはできないと解される。

　その趣旨からすれば，本件の事実関係において贈与税の課税要件を回避する意図が窺われるとしても，それを重視して課税要件を充足する方向で事実認定をすることは相当ではなく，あくまでも客観的な生活実体を重視した最高裁の判断は相当であると思われる。

　ただし，客観的な生活実体を重視するとしても，現実には，複数の場所に相当な生活実体があり，いずれが主従ともいいがたいケースがありうるが，そのような場合にどのように生活の本拠を判断するかは問題である。

　この点，租税条約では，後述のとおり，個人が複数の国の居住者となる「二重居住者」の概念が認められている。ここでは，個人が複数の国に恒久的住居を有しており，かつ，その利害関係の中心がいずれであるとも決しがたい場合があることが想定されている。このことからしても，複数の場所に住所を有するという考え方が成り立ちうる余地はあると思われる。

　いずれにしても，後記Ⅱで改めて検討するように，個人がどの国に住所を有するかによって相続税や所得税の課税関係が大きく異なりうるところ，最高裁が少なくとも相続税法上の住所について一定の判断基準を示した意義は大きいといえる。

Ⅱ 住所による課税関係の相違

1 相続税法

　本件の贈与後であるが，平成12年度税制改正により，本件のように人・財産を国外に移転することで容易に贈与税を免れることができる状況を解消するための手当がなされた。すなわち，日本国籍を有する者同士の間における国外財産の贈与については，贈与者と受贈者のいずれかが5年以内に日本に住所を有していれば贈与税の納税義務が生じるものとされた。

　それでもなお，双方が5年を超えて国外に住所を有することで，国外財産について贈与税を回避することが可能であった。そこで，そのような課税逃れに対応するため，平成29年度税制改正により，上記期間が5年から10年に伸長されて現在に至っている。

　これらの改正を踏まえた現行税制の下における贈与税の課税関係（ただし，日本国籍を有する者同士の贈与に係るもの）は**図表**のとおりである（相法1の4①）。相続税の課税関係も同様である（相法1の3①）。

【図表】 贈与税・相続税の課税関係（日本国籍を有する者同士の贈与・相続）

受贈者・相続人 ／ 贈与者・被相続人	国内に住所あり	国内に住所なし	
		10年以内にあり	10年以内もなし
国内に住所あり	国内・国外財産とも課税	国内・国外財産とも課税	国内・国外財産とも課税
国内に住所なし　10年以内にあり	国内・国外財産とも課税	国内・国外財産とも課税	国内・国外財産とも課税
国内に住所なし　10年以内もなし	国内・国外財産とも課税	国内・国外財産とも課税	**国内財産のみ課税**

　以上で見たとおり，相続税法においては，被相続人（贈与者）と相続人（受

贈者）のそれぞれについての住所が問題となる。その双方が相続又は贈与の時点で日本の国内に住所を有しておらず，かつ，過去10年以内にも有していなかった場合には，国内財産のみが課税の対象となり，国外財産は課税の対象外となる。それ以外の場合は，国内・国外財産ともに課税の対象となる。

　なお，財産の所在については，例えば，有形資産の場合はその所在地，一般的な債権の場合は債務者の所在地，株式の場合は会社の所在地によって判定される（相法10①）。

2　所得税法

　所得税法においては，日本国内に住所を有する者及び現在まで引き続いて1年以上日本国内に居所を有する者が居住者であると定義されており（所法2①三），居住者については，国内・国外源泉所得を問わず，そのすべての所得が課税の対象となる（所法7①一）。

　これに対して，居住者以外の者が非居住者であると定義されており（所法2①五），非居住者については，一定の国内源泉所得のみが課税の対象となる（所法7①三）。

　このように，所得税の関係では，住所及び居所の有無によって課税の対象となる所得の範囲が異なることになる。ここでいう「住所」の意義については，基本的には本件で最高裁が示した相続税法上の「住所」の意義と同様に，生活の本拠をいうものと解される（注2）。また，「居所」の意義については，生活の本拠ではないものの，その者が現実に居住している場所をいうものと解される。

3　租税条約

　租税条約においては，その適用を受けるための要件として，締約国の居住者である必要があるとされている（OECDモデル租税条約1条1項参照）が，通常，その国に住所を有する場合は居住者と認められることから，ここでも住所の検討は重要となる。

　もっとも，各国で居住者と認められる要件は異なっており，双方の締約国に

おいて居住者と認められる「二重居住者」に該当する場合がありうる。租税条約では，そのような場合にいずれの国の居住者として取り扱われるかについての振分けルールが定められている。

　ここで重要なのは，振分けルールによってその国の非居住者として取り扱われる場合，たとえ国内法上は居住者としてすべての所得に課税されることになっていたとしても，租税条約上でその国が源泉地国として課税することが認められている範囲でのみ，課税の対象になるということである。この場合，租税条約は，国内法に基づく課税権の行使を制限するものとして機能する。

　この振分けルールにおいては，まず，いずれの国に恒久的住居があるかを検討する。恒久的住居とは，期間的な制限なく継続して使用することができる居住の場所であり，一時的又は短期的に居住する場所はこれに含まれない。必ずしも生活の本拠であるとは限られず，そのような場所を双方の国に有することもありうる。

　そこで，双方の国に恒久的住居を有する場合には，次に，家族の所在，財産の所在，職業，政治的・文化的活動の場所などを総合的に考慮して，個人的，経済的な利害関係の中心がいずれの国にあるかを検討する。ここでも，いずれの国にも相当な利害関係があり，いずれが中心であるかを明確に判断することが難しい場合がありうる。

　そのような場合，さらに，いずれの国に常用の滞在先があるかを，滞在期間の長さ，滞在の頻度，継続性，定期性といった要素を総合的に考慮して判断することになる。頻繁に複数の国を往来しており，この基準でも決定できない場合には国籍や市民権に基づいて判断し，それでも決定できない場合は双方の締約国の相互協議によって決定されることになる。

III　譲渡所得に関する課税の特例

　日本から国外への国境をまたいだ人・財産の移転に関しては，贈与税・相続税の課税のほかに，含み益を有する財産についての譲渡所得に関する課税も問

題となりうる。そこで，最後にこの点を取り上げておきたい。

　所得税法上，非居住者については国内源泉所得のみが課税の対象とされているところ，ある日本の居住者が国外に移転することで非居住者となった後に譲渡益が実現する場合，これが国外源泉所得に該当するとすれば，もはや日本としては課税権を行使することができないことになる。同様に，ある日本の居住者の保有する財産が含み益を抱えたまま非居住者に無償で譲渡されて移転するとすれば，当該財産に係る譲渡益が実現した場合，日本では課税権を行使できないことになる。

　このようなことから，平成27年度税制改正により，譲渡所得に関する課税の特例として国外転出時課税（出国時に課税されることから「出国税」ともいわれる）制度（所法60の2）及び贈与等時課税制度（所法60の3）が新設されるに至った(注3)。

　前者は「人」の移転に対応しており，株式をはじめとした有価証券等について，居住者が国外に転出して非居住者となる際に譲渡がなされたものとみなし，含み損益が実現したものとして15％の税率で課税するものである。これは保有する有価証券等が合計1億円以上である場合に適用される。

　また，後者は「財産」の移転に対応しており，居住者の有価証券等が贈与や相続によって非居住者に移転される際に，同様に15％の税率で課税するものである。これも贈与等がなされた時に保有される有価証券等が合計1億円以上である場合に適用される。

IV　まとめ

　以上のとおり，個人による事業承継や財産承継などを検討する際に国際的な要素が含まれる場合には，関係者の住所によって承継時の贈与税・相続税の課税関係が異なるほか，承継後の所得税の課税関係や租税条約の適用関係も異なり，さらには含み益のある有価証券等については譲渡所得に関する課税の特例の適用もありうることから，これらを踏まえた総合的な分析が必要となる。

（注1）　事案の概要や問題点につき，浅妻章如「借用概念の意義─武富士事件」別冊ジュリスト253号『租税判例百選〔第7版〕』（2021年）30頁，渕圭吾「贈与税における『住所』の認定」ジュリスト臨時増刊1440号『平成23年度重要判例解説』（2012年）215頁参照。

（注2）　所得税法における「住所」が争点となった事例として，東京高判令和元年11月27日・金融商事判例1587号14頁がある。この判決でも，武富士事件の最高裁判決を引用した上で，住所とは生活の本拠のことをいい，生活の本拠は，滞在日数，住居，職業，家族，資産の所在を総合的に考慮して判断する旨の判示がなされている。なお，この事例では，日本法人と海外関連法人の代表者を兼務していた原告は，日本，シンガポール，米国の3か国に住居を有しており，各国での滞在日数が拮抗していたものの，業務目的での滞在日数を考慮すると職業の本拠は海外であったと認められることが重視され，日本に家族や資産があったとしても，生活の本拠は日本ではなく海外にあったと認められるとの事実認定がなされており，1つの事例判断として参考になるものと考えられる。

（注3）　贈与等時課税制度については，従来のみなし譲渡課税制度（所法59）との関係が問題となる。増井良啓「実現原則と国外転出時課税制度」『日税研論集』74号（2018年）100頁以下参照。

I　本判決の意義——法律家の観点から

佐藤：本件は，私の行った東大ロースクールの授業でも取り上げており，学生の皆さんの関心も高いようです。最高裁判決は，相続税法における「住所」の概念は，民法からの借用概念であることを前提に，民法の解釈におけると同様に，客観的な生活実態を重視するという判断をしました。他方で，納税者の租税回避の意図はほぼ明らかに読み取れるために，結論が妥当かについて，（補足意見を見ると最高裁も相当に悩んだことが推察されますが，）学生の皆さんもかなり迷われるところのようです。

　この判決は，最高裁の判例委員会が自ら先例として選定した判決を掲載する民事判例集（民集）には登載されておらず，最高裁自体も，（民集登載という意味で公式性を有する）先例とするには躊躇があったのかもしれません。私自身は，納税者の予測可能性を重視する立場から，借用概念は民法と同様に解することが妥当と考えますので，本件の最高裁判決も法律論の筋を通したものであると思いますが，木村さんのご意見もお伺いできればと思います。

木村：租税法律主義という租税法の原則，さらには三権分立という国家の仕組みからすると，最高裁の立場は首肯されるものと考えております。やはり，租税回避への対応という観点からは，立法府が立法によって解決するのが筋であり，司法府は権利侵害から国民を救済するというのが本務ですので，租税回避の意図は余事考慮であり，課税要件の充足の有無を判断する上では，（たとえ結論の妥当性に問題があるとしても）あくまでも条文の文言に照らして粛々と判断するというのが筋であると思います。

　他方で，租税回避とは場面が異なりますが，逆に条文の文言どおりに課税をすると過剰な課税となって，結論の妥当性に問題が生じることがあります。その場合，司法府は，権利救済という観点から，条文の文言には沿わないと

しても，結論の妥当性に目を向けた判断をすべきと思われます。このあたりの議論は大阪大学の谷口勢津夫教授が詳しく論じられています^(注)。

II　国際資産税

佐藤：国際租税というと法人税や所得税が問題となるケースが多いイメージがありますが，本件では，資産税の国際的な租税回避が問題とされました。木村さんは，資産税のアドバイスにも強いと思いますが，そのような立場から感想等をお聞きできればと思います。

木村：現在，租税条約に基づく情報交換に加えて，米国の FATCA や OECD の CRS に基づき，各国における金融機関の口座情報の交換に関する取組みが強化されています。また，これ以外にも，国外財産調書などの制度が拡充されています。これらの情報は，課税当局において，法人税や所得税の課税処分に活用されることはもちろんですが，納税者が保有する国外財産を把握することで，相続税・贈与税といった資産税の課税処分にも積極的に活用されます。その意味で，課税当局には，すべての情報がオープンであることを前提に，どのように対応すべきかを検討する必要があります。

　また，法人税や所得税と比べた資産税の特徴として，納税義務者が少ない割に1件当たりの納税額が大きく，案件の個別性が強いということが挙げられます。その上，所得計算といった会計的な側面が少ない一方で，相続関係の判定といった法的な側面が大きいことも特徴です。このように，資産税は一般に難易度が高いといえるのではないかと思いますが，経済活動の最後は個人間の資産の移転に帰着しますので，避けては通れない問題です。人や財産が容易に国境を越える今日では，予期しない課税関係が生じることは珍しくありませんので，資産税の検討は今後ますます重要になると思われます。

(注)　谷口勢津夫『税法基本講義〔第7版〕』(弘文堂，2021年) 45頁参照。

【編著者】

木村　浩之（きむら　ひろゆき）

2005年	東京大学法学部卒業
2005年〜2009年	国税庁（国家公務員一種）勤務
2010年	弁護士登録
2016年	ライデン大学国際租税センター修了（国際租税法上級 LL.M.）
2016年	ビューレン法律事務所（デン・ハーグ／アムステルダム）勤務
2016年〜2017年	KPMG シンガポール（国際租税部）勤務
2020年	一橋大学法学研究科非常勤講師（担当科目：国際租税法）
現在	弁護士法人淀屋橋・山上合同パートナー

＜主な著作＞
『租税条約入門』（中央経済社，2017年）
『租税弁護士が教える事業承継の法務と税務』（共著，日本加除出版，2020年）
『基礎から学ぶ相続法』（清文社，2020年）
『受益権複層化信託の法務と税務』（共著，日本法令，2020年）
『中小企業のための予防法務ハンドブック』（共著，中央経済社，2021年）

【著者】

野田　秀樹（のだ　ひでき）

1995年　　　　慶應義塾大学経済学部卒業
1995年〜2019年　東京国税局勤務
2019年　　　　税理士登録
2019年〜2021年　デロイト トーマツ税理士法人勤務

＜主な著作＞

『Q&A クロスボーダー取引における PE 課税の実務』（中央経済社，2020年）
『否認事例・裁判例からみた 消費税 仕入税額控除の実務』（共著，中央経済社，2021年）

佐藤　修二（さとう　しゅうじ）

1997年　　　　東京大学法学部卒業
2000年　　　　弁護士登録
2005年　　　　ハーバード・ロースクール卒業（LL.M., Tax Concentration）
2005年〜2006年　Davis Polk & Wardwell LLP（ニューヨーク）勤務
2010年〜2011年　日本租税研究協会国際的組織再編等課税問題検討会委員
2011年〜2014年　東京国税不服審判所勤務（国税審判官）
現在　　　　　岩田合同法律事務所パートナー，東京大学法科大学院客員教授

＜主な著作＞

『実務に活かす！ 税務リーガルマインド』（編著，日本加除出版，2016年）
『租税と法の接点－租税実務におけるルール・オブ・ロー』（大蔵財務協会，2020年）
『夏休みの自由研究のテーマにしたい「税」の話』（共著，中央経済社，2020年）
『税理士のための会社法ハンドブック〔2021年版〕』（編著，第一法規，2021年）

対話でわかる国際租税判例

2022年2月10日　第1版第1刷発行

編著者	木	村	浩	之
著　者	野	田	秀	樹
	佐	藤	修	二
発行者	山	本		継
発行所	㈱ 中 央 経 済 社			
発売元	㈱中央経済グループ パ ブ リ ッ シ ン グ			

〒101-0051　東京都千代田区神田神保町1-31-2
電話　03 (3293) 3371 (編集代表)
03 (3293) 3381 (営業代表)
https://www.chuokeizai.co.jp
印刷／文唱堂印刷㈱
製本／㈲井上製本所

ⓒ2022
Printed in Japan